아무 조건 없이 서로 사랑하고
서로 돕는 삶이 가장 아름답고
행복한 세상이 됩니다.

님께
_____

드림
_____

세상의 님에게 보내는
스님의 편지

2013년 1월 27일 초판 1쇄 발행
2013년 2월 25일 재판 2쇄 발행

지은이 - 영흥스님
펴낸이 - 박진성
총괄 - 박진성 / 책임편집 - 박성빈 / 디자인 - 김덕우, 강문정 / 자문 - 박숙희
펴낸곳 - 연월 / 출판신고 - 2012년 9월 4일 제 300-2012-162호
주소 - 서울특별시 종로구 창성동 38번지
전화 - 02-720-0479 / 011-9988-2090 / E-mail - bowdog91@naver.com
홈페이지 - http://본불나라.com

ISBN 978-89-98789-01-5

* 잘못된 책은 바꿔드립니다.   * 책값은 뒤표지에 있습니다.

세상의 **님** 에게 보내는

스님의 편지

차례

찬

님!
님은 언제나 모두 오직 님으로 누립니다
님은 언제나 모두 고운 님으로 누립니다
님은 언제나 모두 어진 님으로 누립니다
님은 언제나 모두 보배 님으로 누립니다
님은 언제나 모두 큰 님으로 누립니다
님은 언제나 모두 무한 님으로 누립니다
님은 언제나 해탈 님으로 누립니다
님은 언제나 진여 님으로 누립니다
님은 언제나 모두 본불 님으로 누립니다
님은 언제나 모두 본나 님으로 누립니다
님은 언제나 모두 참나 님으로 누립니다
님은 언제나 모두 나 님으로 누립니다
달팽이도 님이 되어 꽃차를 마시며 온 만민을 행복케하고
우렁이도 님이 되어 꽃떡을 먹으며 온 세상을 태평케합니다.

님!

늘 오늘 처음에
영홍 합장.

생명수

익어가는
봄비가 내립니다

저물어 가는
봄비가 내립니다

봄비가
우담바라가 되어

봄비가
마니보주가 되어

여러분의 날마다 날마다 오늘 하루가
무한히 행복했으면 합니다
무한히 거룩했으면 합니다

중생심을 녹여서 불심으로 다함께
열린마음으로 서로 서로 감로수가 됐으면 합니다

본래심인 여러분의 본불본낙을 기원합니다.

내리는 비를 바라보며
온 천하가 생명수입니다.

늘 오늘
영흥 합장.

예쁜 님

영겁의 세월 속에
오늘 다시
나는 당신을 만납니다

당신은
여러분이 되어 내 가슴에 다시
님으로 담깁니다.

님은 다시
작은 풀벌레가 되어
자욱 자욱 예쁜 노래하며
나를 반깁니다

님은 또한
다시 작은 풀꽃으로 예쁘게 피어
방긋 방긋 춤추며
나를 반깁니다

아름다운 영혼
아름다운 마음 아름다운 삶
아름다운 세상
여러분과 늘 함께합니다

오늘도 불심 속에서
행복하옵소서.

늘 오늘 아침에
영흥 합장.

푸른 님

비 온 뒤
하늘은 더욱 푸르고 상쾌합니다

풀잎 또한
더욱 푸르고 싱그럽습니다

돌멩이 또한
환한 모습으로 푸른빛을 보냅니다

길거리에
오고가는 수많은 해와 달 같은 얼굴 얼굴들

발걸음 또한
더욱더 푸르디 푸르게 상쾌합니다

보고픈 얼굴
그리운 얼굴도

해와 달처럼 떠올라
절철히 다감한 푸르디 푸른 웃음 줍니다

오월의
푸르디 푸른 고운 바람 싱그럽습니다

오월의
푸르디 푸른 고운 바람 감미롭습니다

오월의
푸르디 푸른 고운 바람 눈물겹도록 맑습니다

오월의
푸르디 푸른 고운 바람에
부처님 마음도 설레고 님의 마음도 설레이고
나의 마음도 설레입니다

이 모두
즐거움으로
넘쳐 푸르디 푸르게 끝이 없습니다

나의 님이신
여러분은 항상 존경합니다

나의 본불이신
여러분은 항상 사랑합니다

오늘 하루도
보람되고 뜻 깊고 축복을 누리소서

5월의 오늘 아침에
영흥 합장.

생각이 님입니다

생각 생각
그대요
걸음 걸음 그대 생각뿐입니다

보는 것도
그대 생각 뿐입니다

듣는 것도
그대 생각뿐입니다

느끼는 것도
그대 생각뿐입니다

인식하는 것도
그대 생각뿐입니다

오로지 그대
생각뿐입니다

온 마음도
그대 생각뿐입니다

온 몸도
그대 생각뿐입니다

온 세상도
그대 생각뿐입니다

오로지
그대 생각뿐입니다

해를 토하고
달을 토하고
별무리 난발하고

물새 산새 함께 춤추며
노래 하는 곳

내 영혼은 지금
애닮픕니다

가는 세월
그대 생각이요

오는 세월
그대 생각뿐입니다

언제나 어느 곳이든
오로지 그대 생각 뿐 입니다

눈물 꽃
웃음 꽃 자욱 자욱 보냅니다

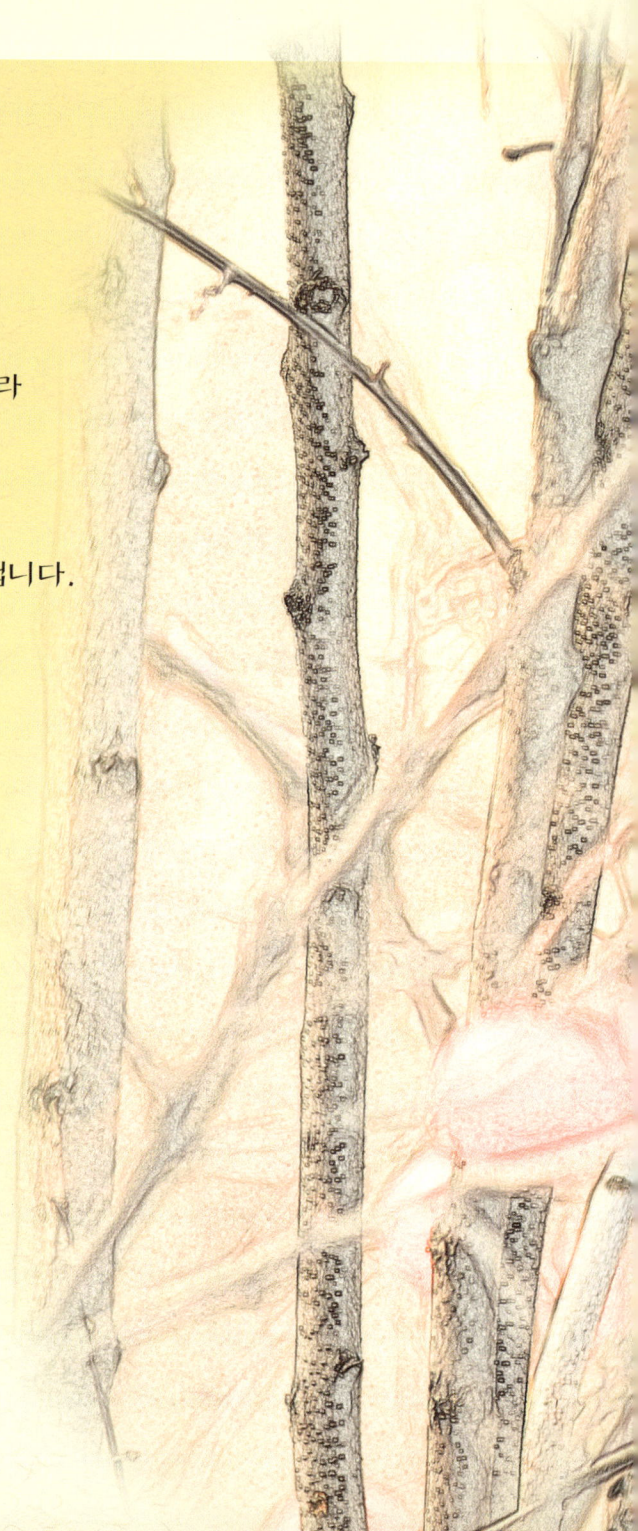

그대뿐인 생각 속에서
영겁을 녹이며
영겁을 펼치며

오늘도
그대 모습조차 모른 채
내일도 그대 있는 곳도 몰라

하늘 넘어
땅 넘어
동서남북 끝없이 나를 보냅니다.

언제 어느 곳이던
어떤 모습이던
행복 하소서

늘 오늘 아침에
영흥 합장.

어머님

어머님
오늘은 당신이 그립습니다

예전엔
당신보다 부처님이 먼저였습니다

당신보다
부처님을 더욱 우러러 받들며 존경하고
사랑했습니다

오늘은
부처님 보다 당신이 먼저입니다

부처님보다
당신을 더욱 우러러 받들며 존경하고
사랑합니다

어머님
어머님이란 이름 앞에서는
항상 설레이는 아기가 됩니다

어머님
이승에서나 저승에서나
어느 모습으로도 여여하게

지금은 빙그레 웃으시겠네요

부처가
곧 당신의 아들이라고요

어머님
이제 저도 사바이든 극락이든
스스로 항상 해탈낙입니다

이제는
어머님도 마음 놓으시고
흥대로 항상 행복을 누리소서.

늘 오늘에
영흥 향 사르고 큰절 3배 올립니다.

님은 나로 다 해탈입니다

오늘 하늘은
더욱 싱그럽고 맑습니다

풀잎도
더욱 싱그럽고 푸릅니다

풀벌레 노래도
더욱 싱그럽고 청아합니다

우리들의 영혼도
더욱 싱그럽고 평화롭습니다

여러분을 사랑하는 이 마음도
더욱 싱그럽고 행복합니다

자욱자욱마다 부처요
거리거리마다 극락입니다

뜨락뜨락마다 붉고 흰꽃이요
집집마다 산호 열매 계수열매입니다

학과 봉황을 타고
큰 웃음 터트리며
당신의 속눈썹털 속으로 들어갑니다

동서남북 큰 시장을 이루고
쾌지나 칭칭 장구치고 북치고
엿판을 두드려댑니다

라라리오 라라리오 라라리오
풀피리 붑니다

항상 당신 속에서
당신을 그리워하며
당신을 애닯아 하며

당신을 어여뻐하며
당신을 위하여
당신을 행복케합니다

풀잎도 돌멩이도 당신이십니다
산새도 물새도 당신이십니다
송사리도 잉어도 당신이십니다

하늘도 땅도 당신이십니다
산도 물도 당신이십니다
해도 달도 별도 당신이십니다
꽃도 열매도 필경 당신이십니다

일체가 당신이신 나여
오늘도 영원히 동행하며
큰 해탈 낙을 누립니다.

안락하소서
자유로우소서
하하하 웃으시옵소서.

늘 오늘
영흥 합장.

불심천하로 님입니다

감사합니다
감사합니다 감사합니다

저와 함께하는
여러분의 불심에 감사합니다

일체 부처님과 함께하는
여러분의 불심에 감사합니다

일체 불보살님과 함께하는
여러분의 불심에 감사합니다

일체 호법 성중님과 함께하는
여러분의 불심에 감사합니다

일체 중생님과 함께하는
여러분의 불심에 감사합니다

불심은
여러분의 영원한 성서로움입니다

불심은
여러분의 영원한 거룩함 입니다

불심은
여러분의 영원한 아름다움 입니다

불심은
여러분의 영원한 기쁨입니다

불심은
여러분의 영원한 자유입니다

불심은
여러분의 영원한 평화입니다

불심은
여러분의 영원한 행복입니다

불심은
여러분의 영원한 해탈입니다

불심은
여러분의 영원한 삼매입니다

불심은
여러분의 영원한 진여입니다

불심은
여러분의 영원한 실상입니다

불심은
여러분의 영원한 생명입니다

불심은
여러분의 영원한 자비입니다

불심은
여러분의 영원한 사랑입니다

불심은
여러분의 영원한 축복입니다

불심은
여러분의 영원한 영광입니다

불심은
여러분의 영원한 광명입니다

불심은
여러분의 영원한 감로입니다

불심은
여러분의 영원한 풍요입니다

불심은
여러분의 영원한 본심입니다

불심은
여러분의 영원한 본나 입니다

불심은
여러분의 영원한 참나입니다

불심은
여러분의 영원한 온법계입니다

불심은
여러분의 영원한 온세상입니다

불심은
여러분의 영원한 온 삼라만상입니다

불심은
여러분의 영원한 각입니다

불심은
여러분의 영원한 성불입니다

불심은
여러분의 영원한 본불입니다

불심은
여러분의 영원한 자신입니다

불심은
여러분의 영원한 저와 여러분의 동행입니다

불심은
풀잎도 돌멩이도 별이 되어
밤하늘 수많은 은하수를 수놓습니다

불심은
여러분이 수많은 학과 봉황을 타고
수많은 은하수를 노닐며
흥대로 춤추며 노래하며
온갖 낙 길이 영원히 누립니다

네 네 여러분 찬란하옵소서.

더불어 불사에 동참하신 여러분님께 다시
큰 감사를 올립니다.

늘 오늘에
영흥 합장.

늘 새로운 님입니다

님이시여!

오늘도 이렇게 그리워합니다
오늘도 이렇게 애닯아합니다

오늘도 이렇게 염원합니다
오늘도 이렇게 함께합니다

님이시여!

날마다 날마다 늘 새로운 나로
날마다 날마다 늘 새로운 우리로

날마다 날마다 늘 새로운 생명으로
날마다 날마다 늘 새로운 영혼으로

날마다 날마다 늘 새로운 거룩함으로
날마다 날마다 늘 새로운 아름다움으로

날마다 날마다 늘 새로운 행복으로
날마다 날마다 늘 새로운 존엄으로

날마다 날마다 늘 새로운 삶으로

날마다 날마다 늘 새로운 쉐상으로

날마다 날마다 늘 새롭게 쓰고
날마다 날마다 늘 새롭게 펼치고
날마다 날마다 늘 새롭게 누리옵소서.

님이시여!

늘 당신은 나와 우리들의 새로운 희망입니다
늘 당신은 나와 우리들의 새로운 서원입니다

늘 당신은 나와 우리들의 새로운 원력입니다
늘 당신은 나와 우리들의 새로운 축복입니다

늘 당신은 나와 우리들의 새로운 약속입니다

님이시여!

항상 새로웁소서
오늘도 새로운 꽃비가 내립니다

내내 건강하옵소서
내내 새롭게 건강하옵소서.

늘 오늘
영흥 합장.

님은 나로 다 인연입니다

영겁의 세월에 맺은
수많은 인연들
기쁜 인연들 슬픈 인연들
애닯은 인연들 아픈 인연들

이제는 모두 아름다움으로
승화 시키고 싶습니다.

이제는 모두 거룩함으로
승화 시키고 싶습니다

이제는 모두 해탈의 행복으로
승화 시키고 싶습니다.

우리 모두의 본래의 자리인
우리 모두의 본래의 세계인

우리 모두의 본래의 고향인
우리 모두의 본래의 삶인

우리 모두의 본래인 청정무구하고
순수 무구한 본 나로 돌아와서
영겁 불멸의 본낙을 길이 나누고 싶습니다.

나고 죽음을 넘어서서
찬란히 빛나고 있는

성서로운 영혼으로 생명으로
마음으로 늘 함께 하고 싶습니다.

채움과 빈 것을 넘어서서
찬란히 빛나고 있는

성서로운 영혼으로 생명으로
마음으로 늘 함께 하고 싶습니다.

시작과 끝을 넘어서서
찬란히 빛나고 있는

성서로운 영혼으로 생명으로
마음으로 늘 함께 하고 싶습니다.

밝고 어둠을 넘어서서
찬란히 빛나고 있는

성서로운 영혼으로 생명으로
마음으로 늘 함께 하고 싶습니다.

미함과 깨침을 넘어서서
찬란히 빛나고 있는

성서로운 영혼으로 생명으로
마음으로 늘 함께 하고 싶습니다.

옳고 그름을 넘어서서
찬란히 빛나고 있는

성서로운 영혼으로 생명으로
마음으로 늘 함께 하고 싶습니다.

곱고 미움을 넘어서서
찬란히 빛나고 있는

성서로운 영혼으로 생명으로
마음으로 늘 함께 하고 싶습니다.

헤아릴 수 없는 세월 더 많은
영겁의 세월 함께 할 수 밖에 없는

숱한 성향의 수많은 인연의 여러분인
님이시여!

늘 오늘에 님의 성불을 발원합니다
늘 오늘에 님의 본불을 발원합니다
늘 오늘에 님의 본나를 발원합니다

네 네 우리 모두의 법체 강건 하옵소서
네 네 우리 모두의 본나 행복 하옵소서

늘 오늘에
영흥 합장.

님은 푸른 바다입니다

세월없는 세월에
또 세월이 갑니다.

아쉽고 기러운 것 또 뒤로 남긴 채
지금은 익어가는 여름입니다

푸르디 푸른
옥구슬 보다 더 푸른 물결에
벌거숭이로 물장구치던 곳

갈매기 떼 끼륵 끼륵 끼르륵
흰 파도 위에 날고

해당화 곱게 피던
그 하얀 모래가

천진난만 하게 뒹굴며 달음박질치며
온 우주를 호흡하던 곳

나 지금 먼 거리
도회의 찌든 모퉁이에서
깊은 가슴 애잔히 그리워합니다

내 영혼 내 생명 내 마음 내 발걸음 돌이켜

내 영혼의 순수한 동심으로 돌아갑니다
내 영혼의 천진한 동심으로 돌아갑니다
내 영혼의 아름다운 동심으로 돌아갑니다
내 영혼의 행복한 동심으로 돌아갑니다

구비 구비 삶의 여정에서
애달피 얽히고 설켰던 온갖 사연들

이젠 동심의 내 영혼의
푸른 물결에 말끔히 씻어 내리고

우리 다 함께
우리 영혼의 푸른 바다 되어

이 세상 무더운 여름을
뼛속까지 시원하게 푸르게
온갖 시름풉니다

우리들의 본래 생명인
천진무구한 동심의 세계로 돌아가

천진불의 순수하고 천진무구한
아름다운 행복을 길이길이 나눕니다

티없이 해맑은
천진불인 우리들의 님이시여,

각자 영혼의 찬란한 푸른 바다로

언제나 고우소서 아름다우소서
성스러우소서 편안하소서.

늘 오늘
영흥 합장.

돌멩이도 꽃이 피어 님입니다

들꽃이 핍니다
들꽃이 핍니다

어느 곳에도 핍니다
어느 때에서도 핍니다.

아무렇게나 핍니다
제 멋대로 핍니다

제 흥대로 핍니다
호호탕탕 행복으로 핍니다

찾아주는 이가 없어도 핍니다
보아주는 이가 없어도 핍니다.

말해주는 이가 없어도 핍니다
들어주는 이가 없어도 핍니다

생각해 주는 이가 없어도 핍니다
호호탕탕 사랑으로 핍니다

세월가나 핍니다
세월오나 핍니다

가시는 걸음걸음 핍니다
오시는 걸음걸음 핍니다

머무는 걸음걸음 핍니다
떠나는 걸음걸음 핍니다

웃고웃고 웃다가 울며 핍니다
울며울며 울다가 웃으며 핍니다

스스로 족해서 핍니다
호호탕탕 해탈로 핍니다

이승과 저승 토하며 핍니다
사바와 극락 토하며 핍니다

해와 달 토하며 핍니다
산과 물 토하며 핍니다

바람과 구름 토하며 핍니다
안개와 비 토하며 핍니다

붉고 푸르고 노랗고 하얗고
이 만큼 저 만큼 들꽃이 핍니다

가슴가슴 들꽃이 핍니다
마음마음 들꽃이 핍니다

영혼영혼 들꽃이 핍니다
생명생명 들꽃이 핍니다

무아유아 들꽃이 핍니다
유정무정 들꽃이 핍니다

수북수북 들꽃이 핍니다
수북수북 그대가 핍니다

항상 들꽃같은 님이시여

항상 거룩하소서
항상 그윽하소서

항상 여여하소서
항상 활발하소서.

늘 오늘
영흥 합장.

다 고운 님입니다

님이시여!

당신은 항상 아름답고 곱습니다
언제나 무엇에도 곱고 아름답습니다

누구에게도 님이시고 나의 님이신
당신은 항상 푸른 하늘입니다

당신은 항상 푸른 땅입니다
당신은 항상 푸른 산입니다

당신은 항상 푸른 바다입니다
당신은 항상 푸른 강입니다

당신은 항상 푸른 해입니다
당신은 항상 푸른 달입니다

당신은 항상 푸른 별입니다
당신은 항상 푸른 바람입니다

당신은 항상 푸른 이슬입니다
당신은 항상 푸른 꽃입니다

당신은 항상 푸른 열매입니다

당신은 항상 푸른 나입니다

님이시여!

아름다운 사람은
항상 고운 생각만 합니다

고운 사람은
항상 아름다운 생각만 합니다

아름다운 사람은
항상 고운 행만 합니다

고운 사람은
항상 아름다운 행만 합니다

아름다운 사람 고운 사람
항상 함께하고 싶습니다.

고운 사람 아름다운 사람
항상 함께하고 있습니다.

일체 유정무정
다 곱고 다 아름답기 바랍니다
다 아름답고 곱다고 믿습니다

영겁의 세월

서로 아는 사람
서로 모르는 사람

서로 만나는 사람
서로 만나지 못하는 사람

다 곱고 아름답기 바랍니다
다 아름답고 곱다고 믿습니다

그래서 나는 여러분을

다 곱고 아름답기 바랍니다
다 아름답고 곱다고 믿습니다

그래서 나는 어제도 오늘도 내일도
여러분을 다 님이라 부릅니다.

여러분은 언제나 무엇에도 청순하게
아름답고 고운 님으로 행복할 것입니다.
곱고 아름다운 님으로 영원할 것입니다

님이시여!

아름답고 고운 생각
우리는 저버릴 수 없습니다

곱고 아름다운 행

우리는 저버릴 수 없습니다

아름답고 고운 마음
우리는 저버릴 수 없습니다

곱고 아름다운 영혼
우리는 저버릴 수 없습니다

아름답고 고운생명
우리는 저버릴 수 없습니다

곱고 아름다운 우리
우리는 저버릴 수 없습니다

님이시여!

나는 항상 당신을 사랑합니다
나는 항상 당신을 존경합니다

나는 항상 당신을 믿습니다
나는 항상 당신과 함께 합니다

언제나 무엇에도 항상 평안하소서.

늘 오늘
영흥 합장.

이대로 님입니다

님이시여!

아무 까닭도 없습니다
아무 이유도 없습니다

아무 조건도 없습니다
아무 바램도 없습니다

이 무더운 여름 날
동서남북 그저 이 마음을 열 뿐입니다

이승도 저승도 그저 이 마음을 열 뿐입니다
사바도 극락도 그저 이 마음을 열 뿐입니다

지옥도 천국도 그저 이 마음을 열 뿐입니다
중생도 부처도 그저 이 마음을 열 뿐입니다

삼라만상 어느 곳에도 그저 이 마음을 열 뿐입니다
삼라만상 어느 것에도 그저 이 마음을 열 뿐입니다

이 마음은 그저 시원할 뿐입니다
이 마음은 그저 순수할 뿐입니다

이 마음은 그저 행복할 뿐입니다

이 마음은 그저 즐거울 뿐입니다

님이시여!

모든 화는 욕심에서 생깁니다
모든 화는 성냄에서 생깁니다
모든 화는 의리석음에서 생깁니다

지금 이대로 그저 이 마음을 열면
욕심은 절로 사라집니다

성냄은 절로 사라집니다
의리석음은 절로 사라집니다
모든 화는 절로 사라집니다
모든 불행은 절로 사라집니다

계정혜가 폭포수처럼 쏟아져서
이 마음은 절로 청정 통쾌해 집니다
이 마음은 무한한 안락을 누립니다

님이시여!

이 마음만 열면
온 나가 온 집안이
온 세상이 온 천하가
온 우주가 온 법계가
길이길이 해탈 낙이요

길이길이 온 나로 다 함께 붉고 흰 꽃입니다

님이시여!

이 마음 언제나 무엇에도 열어서
이 무더운 여름 시원하게
길이길이 행복을 누리소서
길이길이 사랑합니다.

늘 오늘
영흥 합장.

불꽃 속에서 연꽃이 핍니다

님이시여!

활활활 타오르는 용광로 속에
내 마음의 얼음바다를 퍼부어 봅니다

얼음 바다 속에 내 마음의
활 활 활 타오르는 용광로를 퍼부어 봅니다

춥고 무더움을 똑같이
춥고 무더움을 넘어서서

님께선 지금 이대로 시원하고
평안하옵신지요?

항상 함께 하면서도
항상 그리운 님이십니다.

이승에도 저승에도 해와 달은 밝고
사바도 극락도 산과 물은 푸르고

중생도 부처도 꽃과 열매 난발하는데
예나 지금이나 훗날이나 늘 이러해서

울고 웃으며 흥대로 나투어 노니나니

언제나 어느 곳이나 무엇이나 똑같아서

붉으면 붉은대로 불생불멸의 영원한 아름다움으로
푸르면 푸른대로 불생불멸의 영원한 거룩함으로

검으면 검은대로 불생불멸의 영원한 성스러움으로
희면 흰대로 불생불멸의 영원한 풍요로움으로

다시 더하고 덜함 없이 태평성대를 노래하며
춤추며
자등명 법등명을 다함께 나눕니다.

존경하며 감사하며 자비와 사랑을 다 함께
나눕니다
지고지순한 우리들의 불성에 다시 무엇을 탓하고
무엇을 갈등하겠습니까?

무엇을 의혹하고 무엇을 방황하겠습니까?

티없이 해맑은 천진무구한 우리들의
본나 본세계 본삶을
어느 뉘도 빠짐없이 항상 스스로 끝없이 흥대로
누리고 있습니다

생로병사 그대로 생로병사 없는 열반의 삶을
지금 이대로 우리는 늘 유유하게 쓰고 있습니다

옴이 없는 곳에서 능히 오고
머뭄이 없는 곳에서 능히 머물고

감이 없는 곳에서 능히 가는
중생심 그대로 불심으로

중생몸 그대로 불몸으로
평상심 그대로 열반심으로

본심 그대로 해탈심으로
본나 그대로 본나로 나투는

지금 이대로의 참삶 참행복을
우리는 늘 함께 나눕니다

님이시여!

우리는 늘 감사하며
우리는 늘 사랑합니다

우리는 늘 존경합니다
우리는 늘 행복합니다

우리는 늘 해탈이기 때문입니다
우리는 늘 자비이기 때문입니다

우리는 늘 건강합니다
당신의 아름다운 영혼을
우리는 늘 축복합니다.

늘 오늘
영흥 합장.

내가 온 천하로 절대 님입니다

님이시여!

오늘은 과거 현재 미래를 초월한
청청무구한 영원한 절대 현재
늘 오늘입니다

오늘은
중생의 일은 중생에게 맡기고
부처의 일은 부처에게 맡기고
홀가분하게 거리 가운데 섰습니다

뼛속까지 시원하고 골수까지 시원해서
맑은 바람 밝은 달
붉고 흰 꽃처럼 내립니다

밝은 달 맑은 바람
붉고 흰 나비처럼 춤춥니다

내가 동쪽이니 동쪽에 가면 동쪽이 되고
내가 서쪽이니 서쪽에 가면 서쪽이 되고
내가 남쪽이니 남쪽에 가면 남쪽이 되고
내가 북쪽이니 북쪽에 가면 북쪽이 되고

내가 하늘이니 하늘에 가면 하늘이 되고

내가 땅이니 땅에 가면 땅이 되고
내가 산이니 산에 가면 산이 되고
내가 강이니 강에 가면 강이 되고
내가 바다니 바다에 가면 바다가 되고

내가 꽃이니 꽃에 가면 꽃이 되고
내가 풀이니 풀에 가면 풀이 되니

내가 삼라만상으로 삼라만상이 되어
삼라만상을 누립니다.

님이시여!

내가 해니 해가 되어 해를 띄우고
내가 달이니 달이 되어 달을 굴리고
내가 별이니 별이 되어 별을 빛나게 하니
이렇듯 항상 님을 사랑합니다

님이시여!

오늘은 이렇게 내 삶을 누립니다
자유여! 평화여! 행복이여!

나와 이 세상의 영원한 생명인 해탈을
님의 이름으로 누립니다.

님이시여!

님도 늘 오늘 평안 하소서.

늘 오늘
영흥 합장.

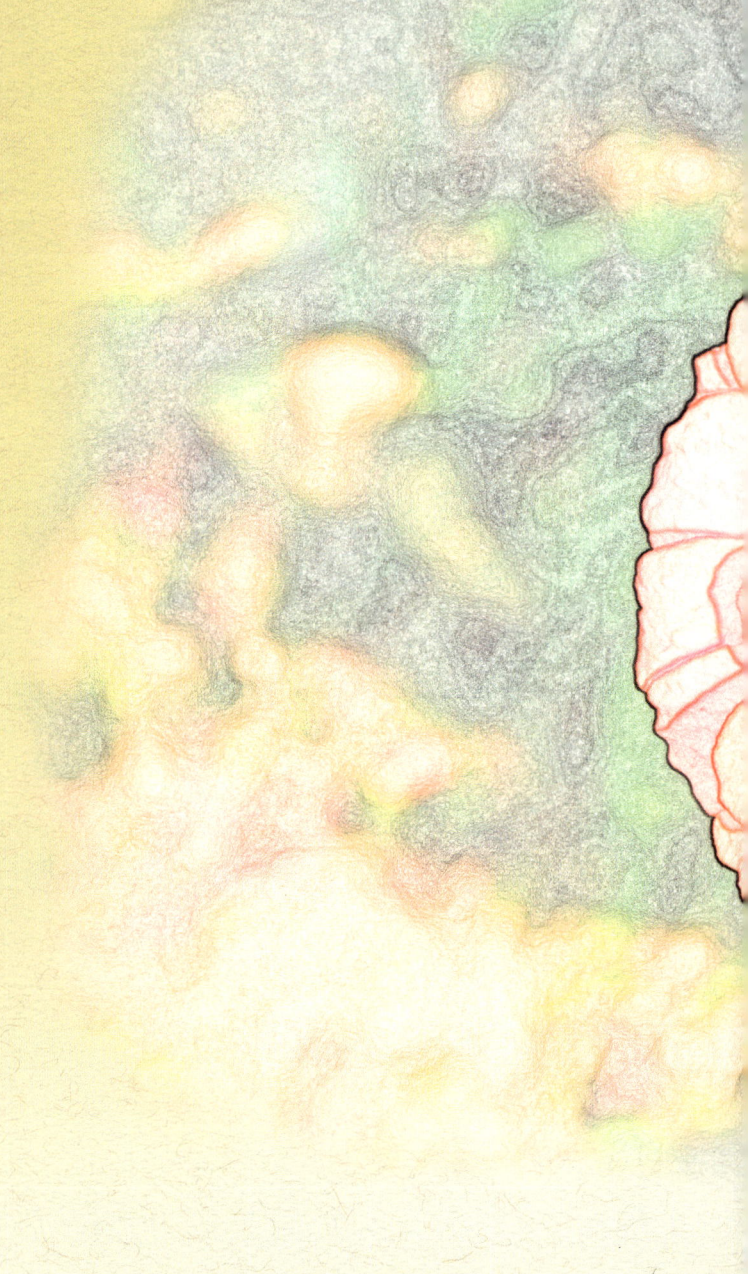

모두가 나로 님으로 삽니다

님이시여!

오늘은 우리들의 보편적인 삶인
행복과 불행 성공과 실패의 원인인
인과응보에 대해 요긴한 몇 말씀만
올릴까 합니다.

님이시여!

누가 뭐라 해도 그 무엇이 개입된다 해도 어떤
종교든 철학이든 사상이든 운명이든 창조든
피조물이든 관계없이
내 인생은 내가 만드는 것입니다

내 인생은 내가 어떻게 만드느냐에 따라
내 인생의 성공과 실패 행복과 불행이 나누어
집니다.

내가 목마르면 내가 물마시고
내가 배고프면 내가 밥먹고
내가 고단하면 내가 쉬고
내가 움직이고 싶으면 내가 움직이고
내가 기쁘면 내가 기쁘고
내가 즐거우면 내가 즐겁고

내가 괴로우면 내가 괴롭고
내가 슬프면 내가 슬픕니다.

팥 심은데 팥나고 콩 심은데 콩 나고
적게 심으면 적게 많게 심으면 많게
결국 내가 뿌린 대로 거두어 들이는 것이
자연의 섭리요 이 세상의 철칙이요
또한 유정 무정 모든 삶의 생존의 법칙이요
진리입니다.
그래서 인과는 틀림없습니다

우리들의 삶의 여정에서 노력하면 노력하는대로
원하는 것 이루어지는 사람이 있는가 하면은
아무리 노력해도 원하는것 이루어지기는커녕
더 어렵고 고달프고 절망적인 사람도 있습니다.

쉽게 말하자면 복의 씨앗을 심지 않았기
때문입니다.

또 심었다 해도 영겁의 업보에 현실을
극복하기에는 너무나 작은 복력 때문이겠지요.

그래서 현실이 어려울수록 원하는 일이 안될수록
더욱 더 우리는 복밭을 만들고
복의 씨앗을 심어야 합니다.

또한 아무리 많은 복밭을 만들고 복의 씨앗을

심었다 해도 그것을 자갈밭을 만들고 자갈밭에
복의 씨를 심었다면은 복의 씨가 자라기에는
너무나 많은 인고의 세월이 필요하게 됩니다

좋은 복 밭이란 순수하고 청정하고 자족하고
상생하고 설사 댓가가 없더라도 탓하지 않고
스스로 부족함을 살펴 기쁜 마음으로 하나하나
청성스러움을 가꾸어 나감입니다.

자갈밭 복 밭이란 욕망과 욕심과 아만과 원망과
비방과 비난으로 남의 탓으로만 돌립니다.

우리는 항상 스스로의 삶에 스스로의 행에 스스로 살펴
스스로 비추어 보아야 합니다.

지금 이 순간 스스로의 모습이 어떠한가를
직시해야합니다.

지나온 스스로의 삶에 알게 모르게 남의 허물을
들추어내어 또한 없는 허물도 만들어 온갖 비방
시기 질투 모함으로 상처주고 아픔주고 모욕
주고 인신 공격한것을 참회하면서 인간본연의
참되고 순수한 본성 참마음 참영혼으로 돌아와서
상대방을 향해서 이 세상을 향해서 진실로
기도하며 정진하며 아름다운 인정의 복의 행을
실천해야 할 것입니다.
상생의 복의 행을 실행해야 할 것입니다.

님이시여!

또한 빨리 복의 씨앗이 움터 자라서 복의 열매를
거둬들이고 싶으면 겸허하고 겸손하고 모든 것에
감사하고 모든 것에 공경하면서 시절인연에 잘
맞추어 햇빛도 잘 비추고
때론 그늘도 지어주고 공기도 잘 통하게 하면서
비료도 주고 거름도 주고 잡풀도 뽑고 비바람
눈보라 추위에도 잘 견딜 수 있도록 정성을 다하여
보호하고 잘 가꾸고 잘 키워야 할 것입니다.

그러면은 틀림없이 뿌린 대로 가꾼 대로 원하는 것
다 이루어 성공과 행복을 누릴 것입니다 .

끝내 본 나의 참 면목을 보게 되고 참나 본나로
돌아와서 영겁불퇴전의 견성성불 견성본불을
무궁무진 누릴것입니다.

님이시여!

모든 악을 짓지 않고 모든 선을 받들어 행하며
스스로 마음을 깨끗이 하는 것이 과거 모든
부처님의 전법게 입니다.

님이시여!

우리 모두의 아낌없는 불생불멸의 영원한 사랑과
자비와해탈로 충만된 당신이시기에 오늘도 항상
나의 님으로 축복을 누리소서.

늘 오늘
영흥 합장.

돌멩이도 방광을 합니다

님이시여!

바람이 찹니다

낙엽이 되어 떨어진 메마른 나뭇잎이 길바닥에서
스산히 뒹굴고 있습니다.

내 몸도 저와 같이 되어 가고 있음을 절감해
봅니다.

생로병사에 걸린 중생의 몸도 또한 저렇듯
덧없음인가 봅니다.

님이시여!

가슴이 아픕니다
몸이 아픕니다
마음이 아픕니다
영혼이 아픕니다
세상이 아픕니다
온 법계 온 우주가 아픕니다

내 인생 회한 입니까?
내 인생 연민 입니까?

님이시여!

가시밭에 온 몸 찢기고
흙탕물에 온 몸 뛰어들고
지옥도 온 몸 마다잖고
철부지들 건져내려고
온갖 아픔 감내하시는
당신의 숨은 뜻을
당신의 대 거룩한 대자비 행을
조금이라도 닮기에는
아직은 역부족인 것 같습니다.
걸음 걸음 걸음 통감합니다.

그래도 늘 함께 하시는 님이시기에
메마른 나무잎 뒹구는 찬바람 겨울거리를
오늘도 이렇게 기웃 기웃 걷습니다.

님이시여!

가끔은 흰 구름 사이로
눈부시게 햇빛이 쏟아지고 있습니다.

영원히 물러설수 없는
우리 인생의 위대한 희망인가 봅니다

님이시여!

기쁠때나 슬플때나
좋을때나 궂을때나
늘 변함없이 함께 해주시는 당신께
이 모습 이 대로 감사드립니다

온 세상 온 법계 여러분님에게도
유주무주 유정무정 여러분님에게도
남김 없는 정성을 다해 감사드립니다.

님이시여!

찬 바람 그대로 맑고 밝고 따뜻하고
감미로운 향기가 되어서
일체중생 일체부처님 똑같이
본불 본낙 본불 진락 본불 무애자재 하옵기를
발원합니다.

행복하소서.

나도 행복하겠습니다.

늘 오늘에
영흥 합장.

따로 없습니다

님이시여!

나는 나로 스스로 나입니다
나는 나로 스스로 생명입니다

나는 나로 스스로 존재입니다
나는 나로 스스로 주인입니다

나는 나로 스스로 창조입니다
나는 나로 스스로 온 법계입니다

나는 나로 스스로 온 우주입니다
나는 나로 스스로 온 세상입니다

나는 나로 스스로 온 삼라만상입니다
나는 나로 스스로 참입니다

나는 나로 스스로 꼭입니다
나는 나로 스스로 똑입니다

나는 나로 스스로 진리입니다
나는 나로 스스로 도입니다

나는 나로 스스로 해탈입니다

나는 나로 스스로 삼매입니다

나는 나로 스스로 진여입니다
나는 나로 스스로 실상입니다

나는 나로 스스로 중도입니다
나는 나로 스스로 평상입니다

나는 나로 스스로 각입니다
나는 나로 스스로 실상입니다

나는 나로 스스로 자유입니다
나는 나로 스스로 평화입니다

나는 나로 스스로 축복입니다
나는 나로 스스로 영광입니다

나는 나로 스스로 광명입니다
나는 나로 스스로 감로입니다

나는 나로 스스로 사랑입니다
나는 나로 스스로 자비입니다

나는 나로 스스로 풍요입니다
나는 나로 스스로 다함께입니다

나는 나로 스스로 변함없습니다
나는 나로 스스로 무너짐없습니다

나는 나로 스스로 무한합니다

님이시여!

나는 나로 스스로 다함께 서로
이루어진 삶 온 전체로 낱낱이
똑같이 흥대로 지고지순합니다

누구나 다 이렇듯 본나 참나의
본질적인 영원한 존재 가치의
절대 삶의 실현이요 실참인
늘 오늘의 실다운 기쁜 누리심 일것입니다.

나는 나로 님이시고
님은 님으로 나이신 다 함께 님이시기에

찬 바람 겨울 날씨 속에서도
꽃이 되어 봄이 되어 만 세상 원융무애 하소서.

님이시여!

늘 평안 만민하소서.

하!

늘 오늘에
영흥 합장.

그림자 없는 꽃이 만발합니다

그대의 님이시여!

님이시여!

내 영혼 깊이 지금 이대로 이루고
내 마음 깊이 지금 이대로 열려서

내 가슴 깊이 지금 이대로 드러나고
내 육신 깊이 지금 이대로 쓰고

이 세상 깊이 지금 이대로 펼치고
이 법계 깊이 지금 이대로 누리시며

언제나 어디서나 무엇에나
티끌 하나도 빠뜨리지 않고

다 곱고 고우신 늘 한결같은 온갖 낙인
우리 고운 님의 본나는 무엇인가요?

절대 현재 지금 절대 나인 본나 참나인
우리 님의 실체는 실상은 정녕 무엇인가요?

지금 이대로 님이신 "나"! 다.

하!

님이시여!

태어나도 태어나지 않는 것이 있습니다
늙어도 늙지 않는 것이 있습니다

병들어도 병들지 않는 것이 있습니다
죽어도 죽지 않는 것이 있습니다

있어도 있지 않는 것이 있습니다
없어도 없지 않는 것이 있습니다

드러내도 드러내지 않는 것이 있습니다
감추어도 감추지 않는 것이 있습니다

불에 가도 타지 않는 것이 있습니다
물에 가도 젖지 않는 것이 있습니다

세워도 세워지지 않는 것이 있습니다
무너져도 무너지지 않는 것이 있습니다

다져도 다져지지 않는 것이 있습니다
꺼져도 꺼지지 않는 것이 있습니다

때묻어도 때묻지 않는 것이 있습니다
분별해도 분별치 않는 것이 있습니다

물들어도 물들지 않는 것이 있습니다
분별해도 불별치 않는 것이 있습니다

시작해도 시작하지 않는 것이 있습니다
끝내도 끝나지 않는 것이 있습니다

가도 가지 않는 것이 있습니다
와도 오지 않는 것이 있습니다

머물러도 머물지 않는 것이 있습니다
떠나도 떠나지 않는 것이 있습니다

색에도 색 아닌 것이 있습니다
공에도 공 아닌 것이 있습니다

이름에도 이름 아닌 것이 있습니다
맛에도 맛 아닌 것이 있습니다

인식에도 인식 아닌 것이 있습니다
느낌에도 느낌 아닌 것이 있습니다

생각에도 생각 아닌 것이 있습니다
마음에도 마음 아닌 것이 있습니다

시간에도 시간 아닌 것이 있습니다
세월에도 세월 아닌 것이 있습니다

길에도 길 없는 것이 있습니다
문에도 문 없는 것이 있습니다

밝아도 밝지 않는 것이 있습니다
어두워도 어둡지 않는 것이 있습니다

커도 크지 않는 것이 있습니다
작아도 작지 않는 것이 있습니다

길어도 길지 않는 것이 있습니다
짧아도 짧지 않는 것이 있습니다

높아도 높지 않는 것이 있습니다
낮아도 낮지 않는 것이 있습니다

깊어도 깊지 않는 것이 있습니다
얕아도 얕지 않는 것이 있습니다

넓어도 넓지 않는 것이 있습니다
좁아도 좁지 않는 것이 있습니다

달아도 달지 않는 것이 있습니다
써도 쓰지 않는 것이 있습니다

짜도 짜지 않는 것이 있습니다
싱거워도 싱겁지 않는 것이 있습니다

붉어도 붉지 않는 것이 있습니다
푸러도 푸르지 않는 것이 있습니다

희어도 희지 않는 것이 있습니다
검어도 검지 않는 것이 있습니다

귀해도 귀하지 않는 것이 있습니다
천해도 천하지 않는 것이 있습니다

지옥에도 지옥 아닌 것이 있습니다
천국에도 천국 아닌 것이 있습니다

사바에도 사바 아닌 것이 있습니다
극락에도 극락 아닌 것이 있습니다

육도에도 육도 아닌 것이 있습니다
윤회에도 윤회 아닌 것이 있습니다

인과에도 인과 아닌 것이 있습니다
연기에도 연기 아닌 것이 있습니다

물질에도 물질 아닌 것이 있습니다
허공에도 허공 아닌 것이 있습니다

종교에도 종교 아닌 것이 있습니다
과학에도 과학 아닌 것이 있습니다

학문에도 학문 아닌 것이 있습니다
예술에도 예술 아닌 것이 있습니다

문화에도 문화 아닌 것이 있습니다
문명에도 문명 아닌 것이 있습니다

사상에도 사상 아닌 것이 있습니다
철학에도 철학 아닌 것이 있습니다

번뇌에도 번뇌 아닌 것이 있습니다
해탈에도 해탈 아닌 것이 있습니다

진여에도 진여 아닌 것이 있습니다
무명에도 무명 아닌 것이 있습니다

업식에도 업식 아닌 것이 있습니다
정식에도 정식 아닌 것이 있습니다

허상에도 허상 아닌 것이 있습니다
실상에도 실상 아닌 것이 있습니다

깨쳐도 깨치지 않는 것이 있습니다
미해도 미하지 않는 것이 있습니다

신에도 신이지 않는 것이 있습니다
보살에도 보살이지 않는 것이 있습니다

중생에도 중생이지 않는 것이 있습니다
부처에도 부처이지 않는 것이 있습니다

님이시여!

정녕 무엇인가요?
정녕 어째서 이러한가요?

이렇듯 지금 바로 님이십니다
이렇듯 지금 바로 님이시기 때문입니다

이렇듯 지금 바로 오로지 님 뿐이기 때문입니다
이렇듯 지금 바로 오로지 님이 나이기 때문입니다

이렇듯 지금 바로 오로지 나가 님이기 때문입니다
이렇듯 지금 바로 지금 이대로 일체가 오로지 님
뿐인 나이기 때문입니다.

오로지 나 인 님께서 일체를 초월해서
일체를 이루고 열고 드러내고 쓰고 펼치고
누리기 때문입니다.

시공을 초월해서 시공을 나투어 온갖
법계 온갖 세상 온갖 삶 온갖 낙을
누리시는 절대 님이시인 나이기 때문입니다.

님이시여!

이렇듯 절대 지고 지순한 님 이시여!

만고광명합니다
만고감로합니다
만고보배합니다
만고축복합니다
만고행복합니다
만고안강하옵소서.

하!

늘 오늘
영흥 합장.

하하하 님입니다

그대의 님이시여!

나의 님이시여!

그대이면서 그대를 모르니
그저 하하하 웃습네다

나이면서 나 모르니
그저 하하하 웃습네다

나이면서 그대를 아니
그저 하하하 웃습네다

나이면서 나 아니
그저 하하하 웃스네다

모르는 것을 모른다 하니
그저 하하하 웃습네다

아는 것을 안다 하니
그저 하하하 웃습네다

모르는 것을 모른다 하니
모르는 것을 몰라서 아니

그저 하하하 웃습네다

아는 것을 안다 하니
아는 것을 알아서 아니
그저 하하하 웃습네다

필경 모르는 것도 그대요
필경 아는 것도 그대니
그저 하하하 웃습네다

필경 아는 것도 나요
필경 모르는 것도 나니
그저 하하하 웃습네다

그대는 그대와 다르지 않고
나는 그와 다르지 않으니
그저 하하하 웃습네다

그대는 그대와 똑같고
나는 나와 똑 같아서
그저 하하하 웃습네다

홀로 서로 똑같아서
서로 홀로 똑같아서
그대와 나 똑같아서

이 추운 음동설하에

집집마다 거리마다 똑 같아서
그저 하하하 웃습네다

예전에도 지금에도 훗날에도
우리 한 터럭도 차이없이 똑같아서
그저 하하하 웃습네다

보고보고 보아도
우리 똑같아서
그저 하하하 웃습네다

그대 눈썹털마다
나의 콧구멍마다

산호열매 계수열매
무진장 쏟아집니다

그대 눈동자 마다
나의 배꼽마다
우담바라 마니보주
끝없이 난발합니다

그대 손바닥 마다
해와 달을 굴리고
나의 발자욱마다
산과 물을 펼칩니다

그래서 당연히 그대가 님이십니다
그래서 당연히 내가 님이십니다

님이시여!

당신의 이름을 나지막이
고요히 기쁘게 불러봅니다

이 세상 천지에 더 없이
소중하고 거룩하고
지고지순하고
행복한 이름입니다

그래서 지금 나는
멀리서나 가까이서나
언제나 이 자리에서

하늘 땅이 박살나듯
허공이 박살나듯

춥고 추운 이 겨울이 박살나듯
이 세상 모든 무지가 박살나듯

이 세상 모든 질병이 박살나듯
이 세상 모든 가난이 박살나듯

이 세상 모든 전쟁이 박살나듯

이 세상 모든 미움이 박살나듯

이 세상 모든 원망이 박살나듯
이 세상 모든 모독이 박살나듯

이 세상 모든 비방이 박살나듯
이 세상 모든 멸시가 박살나듯

이 세상 모든 모순이 박살나듯
이 세상 모든 방황이 박살나듯

이 세상 모든 갈등이 박살나듯
이 세상 모든 잘못이 박살나듯

누구나 팔만 사천 번뇌가 박살나듯
누구나 팔만 사천 망상이 박살나듯

누구나 천칠백 공안이 박살나듯
누구나 천백억 생사윤회가 박살나듯

누구나 탐욕이 박살나듯
누구나 애욕이 박살나듯

누구나 어리석음이 박살나듯
온 법계 유정 무정 본불 본락 누리듯

언제나 다감다정한

님의 영혼으로

님의 마음으로
님의 몸으로

님의 모습으로
님의 빛깔로

님의 감로로
님의 이름으로

하하하 웃음꽃 울음으로
엉엉엉 울음꽃 웃음으로

크게 크게 크게
끝없이 끝없이 끝없이
웃습네다 하하하하하하 .

언제나 오늘처럼
늘 함께 하시는
그대와 나의 님이시여!

항상 옥체 강건하소서
항상 온유하소서

항상 널리 베푸소서

항상 밝으소서

하!

늘 오늘
영흥 합장.

내가 나일 때 천하가 행복합니다

님이시여!

무엇이든 늘 님이시여!

펄펄펄 내리는 흰눈 속에
오늘 하루가 또 저물어 갑니다

언제나 나의 님이시인
여러분들은
오늘 하루를 또 어떻게
지내셨는지요?

각자 지녀야할 일에
충실하고

지금쯤 만족하고
평안한 저녁을 지내리라 믿습니다

허나 천하를 얻는다 해도
진정한 참나 본나를 얻지 못한다면

껍데기 허수아비에
불과 하다고 했으니

참으로 보람된 하루를
보낸다는 것이 쉽지는 않습니다

예전 수행자들은
오늘도 내가 나를 모른 채

허무히 또 하루가 지나갔다고
자책하고 통곡했다고 합니다

점점 어두워가는 저녁에
펄펄펄 내리는 흰 눈을 바라보며

이번 겨울은 유난히
춥기도 하고 눈이 많이 오는구나 하며

물가도 너무 오르는데
이 추운 겨울에 가난한 사람은 어떻게 지낼까?

여러분의 생활도 어렵지 않을까
이리저리 걱정도 하며

여러분들의 얼굴을 모습을
한 분 한 분 떠올리며 생각해 봅니다

각자 맡은 일에 충실 하는 것이
부처의 행이고 보살의 행이고

사람의 행이라 했습니다만
그래도 내가 나이면서

나를 모르고 산다면
이보다 더 억울하고

안타깝고 슬픈 일이라
아니 할 수 없습니다

부디 무슨 일을 하든
무슨 일을 하지 않든

그 어떤 것에 우선해서 내가 나를 찾는
공부를 놓쳐서는 아니 되겠습니다

이보다 더 값지고 소중하고
급한 일은 없습니다

말하고 말하지 않을 때나
가고 오고 머물고

움직이나 움직이지 않을 때나
슬프고 괴롭고 즐거울 때나

이익과 손해 속에서나
욕망 욕심 분노 갈등 방황 속에서나

번뇌 망상 잡념 속에서나
의리 의협 정의 속에서나

꿈속에서나 잠속에서나 나를
찾는 공부를 놓쳐서는 안 될 것입니다

나! 나가 무엇인고?
하고 참구하고 참구해야 합니다

세상의 오욕락에 빠지지 말고
세상의 시비분별에 빠지지 말고

간절하게 정진해서
필경 일체를 벗어나서

일체를 걸림없이 자유자재 청정무구하게
나투는 참나 본나를 만나 계합해서

내가 오로지 일체로 원융무애하게 쓰고
펼치고 누려야 합니다

진정 내가 나를 찾아
나를 누리는 삶이야 말로

제일 귀한 삶이며
행복한 삶이라 할 것이며

또한 인생을 실답게
산다고 할 것입니다

오늘 밤도 이 공부와 짝지어
인생의 모든 시련을 어려움을 애환을
녹이시길 바랍니다

원초적 외로움과 고독을
이 공부와 즐기시기를 바랍니다

님이시여!

정진 속에 늘 평안하소서

송이송이 흰 눈 속에 만 봄을 펼치고
만 세상 만 집집마다 학과 봉황을 보냅니다.

하!

늘 오늘에
영흥 합장.

나는 나로 영원한 행복입니다

나여!

님이시여!

나이신 님이십니다
님이신 나입니다

언제나 그립습니다
언제나 보고싶습니다

기쁘고 슬프고 함께하고
좋고 굳은 일 함께 하면서

한 세상 한 세상 또 한 세상
한번도 떨어진 적 없는 님이신데

왜 이리 가면 갈수록 그리웁고
왜 이리 쌓이면 쌓일수록 보고 싶습니까?

무슨 구구절절해서
무슨 아쉽고 애달파서

오늘도 목매여 불러봅니다
내일도 목매도록 불러봅니다

삶과 죽음이 없는 세상에서 만나
삶과 죽음이 없는 삶을 함께할

나의 분신이신 님이시여
님의 분신이신 나이시여

님은 나로 님을 애달프게 불러봅니다
나는 님을 나로 애달프게 불러봅니다

부르는 소리는 강물 되어 흘러갑니다
부르는 소리는 바다 되어 함께 만납니다

온 바다에 활짝 핀 붉고 흰 연꽃 장엄합니다
그 향기 온누리에 울려 퍼져 유정무정 춤과
노래입니다

다함께 님이신 나이기에 영원한 축복입니다
다함께 나이신 님이시기에 영원한 광명입니다

무엇이든 님이신 나이기에 영원한 존음입니다
무엇이든 나이신 님이시기에 영원한 자유입니다

동서남북 천상교향악이 울려 퍼집니다
곳곳마다 극락만월악이 울려 퍼집니다

항상 편안하소서
항상 건강하소서

늘 행복한 웃음 지으면서 행복하소서
늘 아름다운 행하시면서 아름다우소서

늘 오늘에
영흥 합장.

님은 영원히 시들지 않는 꽃입니다

님이시여!
님꽃이시여!

꽃 속에 꽃을 심으니
돌멩이도 꽃이 되어 핍니다

꽃 속에 꽃을 심으니
구름도 꽃이 되어 핍니다

꽃 속에 꽃을 심으니
바람도 꽃이 되어 핍니다

꽃 속에 꽃을 심으니
강물도 꽃이 되어 핍니다

꽃 속에 꽃을 심으니
청산도 꽃이 되어 핍니다

꽃 속에 꽃을 심으니
불더미도 꽃이 되어 핍니다

꽃 속에 꽃을 심으니
진흙벌도 꽃이 되어 핍니다

꽃 속에 꽃을 심으니
무쇠도 꽃이 되어 핍니다

꽃 속에 꽃을 심으니
하늘도 꽃이 되어 핍니다

꽃 속에 꽃을 심으니
땅도 꽃이 되어 핍니다

꽃 속에 꽃을 심으니
바다도 꽃이 되어 핍니다

꽃 속에 꽃을 심으니
해도 꽃이 되어 핍니다

꽃 속에 꽃을 심으니
달도 꽃이 되어 핍니다

꽃 속에 꽃을 심으니
별도 꽃이 되어 핍니다

꽃 속에 꽃을 심으니
이승도 꽃이 되어 핍니다

꽃 속에 꽃을 심으니
저승도 꽃이 되어 핍니다

꽃 속에 꽃을 심으니
지옥도 꽃이 되어 핍니다

꽃 속에 꽃을 심으니
천국도 꽃이 되어 핍니다

꽃 속에 꽃을 심으니
사바도 꽃이 되어 핍니다

꽃 속에 꽃을 심으니
극락도 꽃이 되어 핍니다

꽃 속에 꽃을 심으니
중생도 꽃이 되어 핍니다

꽃 속에 꽃을 심으니
부처도 꽃이 되어 핍니다

꽃 속에 꽃을 심으니
삶도 꽃이 되어 핍니다

꽃 속에 꽃을 심으니
죽음도 꽃이 되어 핍니다

꽃 속에 꽃을 심으니
봄 여름 가을 겨울 꽃이 되어 핍니다

꽃 속에 꽃을 심으니
그대가 꽃이 되어 핍니다

꽃 속에 꽃을 심으니
나도 꽃이 되어 핍니다

꽃 속에 꽃을 심으니
무엇이던 꽃이 되어 핍니다

꽃 속에 꽃을 심으니
영원히 시들 줄 모릅니다

님이시여! 님 꽃이시여!
영원히 영원히 끝없이 끝없이 핍니다

님이시여! 님 꽃이시여!
영원히 영원히 밝게 밝게 핍니다

님이시여! 님 꽃이시여!
영원히 영원히 거룩하게 거룩하게 핍니다

님이시여! 님꽃이시여!
영원히 영원히 아름답게 아름답게 핍니다

님이시여! 님꽃이시여!
영원히 영원히 행복하게 행복하게 핍니다

님이시여! 나의 님이신 님꽃이시여!
언제나 오늘 온 세상 온 봄을 나도 님꽃처럼 핍니다.

늘 평안 하소서
늘 길경 하소서.

늘 오늘
영흥 합장.

울 누릴 님!

님이시여!

우리는 늘 함께 합니다.
언제나 오늘에
스스로 온 봄 속으로

스스로 온 세상이
스스로 온 봄빛을 내고

스스로 온 봄바람을 뿜어
스스로 온 봄을 버얼써 시작했습니다.

스스로 온갖 봄꽃들이
산하대지에 한창 피고 있습니다.

너무나 아름답고
너무나 다정다감 합니다.

동서남북에 유정무정들이
좋아라 춤추고 노래 합니다.

이렇듯 스스로 자연의 섭리는
신비롭고 경이롭습니다 .

님이시여!
항상 좋은 님이십니다.

스스로 본래로 자각된
항상 좋은 내가

항상 좋은 마음으로
항상 좋은 생각으로

항상 좋은 행으로
항상 좋은 삶을 만들어

항상 좋은 낙을 누리니
항상 좋은 세상이 되어서

항상 좋은 나와 너가 다르지 않아
항상 좋은 나와 가족이 다르지 않아

항상 좋은 나와 친척이 다르지 않아
항상 좋은 나와 이웃이 다르지 않아

항상 좋은 나와 사회가 다르지 않아
항상 좋은 나와 나라가 다르지 않아

항상 좋은 나와 세계가 다르지 않아
항상 좋은 나와 법계가 다르지 않아

항상 서로 사랑하고
항상 서로 돕고

항상 서로 존경하고
항상 서로 배려하고

항상 서로 베풀며
항상 서로 자비심을 나누니

이것이 우리 모두의 불생불멸의
근원적 실존적 영원한 생명의
궁극적 절대적 행복이요
궁극적 절대적 평화요
궁극적 절대적 자유요

궁극적 절대적 풍요의
실참실행의 본나요 본나의 행이요
실참실행의 참나요 참나의 행이요

실참실행의 부처요 부처의 행인
실참실행의 극락세계 불국토 입니다.

님이시여!
늘 으뜸이십니다.

늘 항상 거룩하십니다
항상 늘 이대로 입니다.

님의 눈썹털마다
수북수북 봄꽃이 낭자합니다.

지고지순하게 예쁘게
우리들의 자욱자욱마다 봄꽃이 만발합니다.

함께 봄꽃 숲을 걷고 있습니다
함께 좋은 우리로 걷고 있습니다.

함께 자성 속에서 자성으로 이 봄을 찬미합니다.
함께 불성 속에서 불성으로 이 봄을 찬미합니다.

함께 나 속에서 나로 님을 찬미합니다.
함께 님 속에서 님으로 나를 찬미합니다.

나의 봄을 우리들의 봄을
님께서 끝없이 끝없이 찬미합니다.

이 성스러운 봄을
이 찬란한 봄을

스스로 제각기 똑같은 우리들의
밝고 밝은 웃음꽃으로 찬미합니다.

님이시여!
하! 편강 하옵소서.

늘 오늘
영흥 합장.

구도자님들께

"피를 토하고 울어도 소용없다
남은 세월 숲속에 숨어 지내는 것만 못하리라."
라는

옛 어느 선사님의 탄식과 절규가 실감나는 도다.

또한, 옛 어느 선사님이 이르시기를,

비방하고 싶으면 마음대로 비방하라.
천착만착해도 상관하지 않는다.
시비 바다 속에 몸을 비껴 들어가고
호랑이 늑대 가운데 자유자재하게 행하도다.

또한 옛 어느 선사님께서 이르시기를,

철부지들 건져 내려고
지옥불도 마다 않고
가시밭에 옷 찢기고
흙탕물에 뛰어든다.

또한 옛 어느 선사님께서 이르시기를,

산호베게 두 줄기 눈물이여!
반은 그대를 생각함이요.

반은 그대를 한 함이로세.

또한, 부처님께서 이르시기를,
인연있는 중생은 내가 건지지만
인연없는 중생은 나도 어쩔 수 없다.

또한,
문수보살님께서 이르시기를,
나를 믿고 나를 따르던지 아니면
나를 불신하고 비방이라도 많이 해라.
그래야만 선연도 인연이지만
악연도 인연이 되어
필경 대도를 이루어 성불 할 것이다.

나, 이께 영흥은 선연이든 악연이든
그대들과 이 시대의 구도자 인연을 소중히 생각해서
대흥주보살을 통해서 평생 나의 살림살이 공부의
살림살이를 전해주노니
부디 영겁의 양식이 되기를 바라노라.

유정무정 다함께 춤과 노래 항상 해탈의 행복을
누리도록 바라노라.

하!

" 살 림 살 이 "

스스로 본 나가 분명해서
대기대용으로 광대무변하여
온 법계 온 삼라만상을 나투고
여여부동 무한진락 누리구나.

언제나 절대 나! 입니다.

늘 오늘
영흥 범향배.

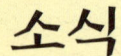

소식

까치가 날아와 신나게 짖어댑니다.
관음조가 날아와 신나게 춤춥니다.
어느 반가운 이 오시렵니까?

풀잎마다 울긋붉긋푸릇
돌멩이마다 울긋붉긋푸릇
흰 구름도 울긋붉긋푸릇
청풍도 울긋붉긋푸릇
사람도 울긋붉긋푸릇
부처도 울긋붉긋푸릇

여기 저기 그대가 꽃이 되어 핍니다
여기 저기 님께서 꽃이 되어 핍니다
여기 저기 우리 모두가 꽃이 되어 핍니다

하!

늘 오늘 아침에
영흥 합장.

인연

언제나 헤어지고
언제나 만나
꽃은 피고
새는 노래합니다.

인생은 외로운 만큼 아름다운 것
보라빛 만큼이나 예쁘고 슬픈 것
사랑보다 더 귀한 것이 인연이라고
그대는 가다 가다 가다 다시 돌아섭니다.

영원에서 영원으로 지금 이렇게
산이 되고 물이 되고 달이 되고 별이 되어
풀잎처럼 웃습니다.

하!

늘 오늘
영흥 합장.

님은 영원한 절대 님이십니다

하!

님이시여!

님은 님으로 온 전체로 영원한 절대 님이십니다.

내가 일체로 나를 나투고
일체가 나로 일체를 나투니
온 전체로 낱낱이 제 이름 역력하고
낱낱이 온 전체로 제 모습 분명합니다.

소리 높혀 크게 하 하 하 웃고
소리 낮춰 작게 엉 엉 엉 우니

거리마다 꽃비가 끝없이 내리고
집집마다 마니보주 무진장 쏟아집니다.

님이시여
님께선 지금 어떠하옵신지요?

님께서 붉어서 온 세상 흥대로 춤이요
님께서 푸르서 온 법계 흥대로 노래입니다.

님은 꽃이 되어 온 세상의 봄이요

님은 열매가 되어 온 법계의 가을이라

어얼싸 어얼싸 어얼싸 행복의 노래 끝없고
어울렁 어울렁 어울렁 자유의 춤 끝없습니다.

나란히 나란히 나란히 붉고 흰 삼매요
꼭 맞게 꼭 맞게 꼭 맞게 달고 쓴 해탈이라

달팽이도 학이 되어 이승과 저승을 흥대로 펼치고
두더지도 봉황이 되어 사바와 극락을 흥대로
누립니다.

님이시여
님께선 지금 어떠하옵신지요?

만리 푸른 하늘도 님의 눈썹털이요
만리 푸른 바다도 님의 배꼽입니다.

하!

똑같고 똑같고 똑같아 딴것이 없어서
옛날에도 훗날에도 지금에도 한결같이
제 이름 제 모습 제 빛깔 지금 이대로여서
영원한 진여실상 오로지 절대 님이십니다.

궁더쿵 궁더쿵 궁더쿵 저승도 이승도 님이요
풍더쿵 풍더쿵 풍더쿵 사바도 극락도 님이시니

번개 벼락도 콩떡으로 열반묘심이요
폭풍 폭우도 팥떡으로 삼매 해탈입니다.

님이시여!
님께선 지금 어떠하옵신지요?

그래 그래 그래 누구나 석가 미륵이요
좋고 좋고 좋다 무엇이든 약사 아미타 입니다.

하!

언제 어느 때나 그리운 님이십니다
언제 어느 때나 함께할 님이십니다

불생불멸의 영원한 언제나 절대 오늘
옥체강건 하옵소서 옥체 보존 하옵소서

나무 님불.

늘 오늘
영흥 합장.

님은 님으로 일체를 나투어 누립니다 1

하!

님이시여!

님은 언제나 무엇이던지 이 모습 이대로
님은 거룩합니다.

님은 언제나 무엇이던지 이 모습 이대로
님은 창조주 입니다

님은 언제나 무엇이던지 이 모습 이대로
님은 주인 입니다.

님은 언제나 무엇이던지 이 모습 이대로
님은 온 법계 입니다.

님은 언제나 무엇이던지 이 모습 이대로
님은 온 세상입니다.

님은 무엇이던지 이 모습 이대로
님은 언제나 님이십니다.

님은 언제나 무엇이던지 이 모습 이대로
님은 무엇이던 님입니다.

님은 언제나 무엇이던지 이 모습 이대로
님은 오로지 님입니다.

님은 언제나 무엇이던지 이 모습 이대로
님은 생멸없이 생멸을 나투어 씁니다.

님은 언제나 무엇이던지 이 모습 이대로
님은 유무없이 유무를 나투어 씁니다.

님은 언제나 무엇이던지 이 모습 이대로
님은 색공없이 색공을 나투어 씁니다.

님은 언제나 무엇이던지 이 모습 이대로
님은 시공없이 시공을 나투어 씁니다.

님은 언제나 무엇이던지 이 모습 이대로
님은 밝고 어두움없이 밝고 어두움을 나투어
씁니다.

님은 언제나 무엇이던지 이 모습 이대로
님은 깨침도 미함도 없이 깨침과 미함을 나투어
씁니다.

님이시여 편강하옵소서
님이시여 행복하옵소서.

늘 오늘
영흥 합장.

님은 님으로 일체를 나투어 누립니다 2

하!

님이시여

님은 언제나 무엇이던지 이 모습 이대로
님은 처음도 끝도 없이 처음과 끝을 나투어
씁니다.

님은 언제나 무엇이던지 이 모습 이대로
님은 과장도 여과도 없이 과정과 여과를 나투어
씁니다.

님은 언제나 무엇이던지 이 모습 이대로
님은 세움도 무너짐도 없이 세움과 무너짐을
나투어 씁니다.

님은 언제나 무엇이던지 이 모습 이대로
님은 무겁고 가벼움도 없이 무거움과 가벼움을
나투어 씁니다

님은 언제나 무엇이던지 이 모습 이대로
님은 드러남도 감춤도 없이 드러남과 감춤을
나투어 씁니다

님은 언제나 무엇이던지 이 모습 이대로
님은 담고 비움도 없이 담고 비움을 나투어
씁니다.

님은 언제나 무엇이던지 이 모습 이대로
님은 높고 낮음도 없이 높고 낮음을 나투어
씁니다.

님은 언제나 무엇이던지 이 모습 이대로
님은 넓고 좁음도 없이 넓고 좁음을 나투어
씁니다.

님은 언제나 무엇이던지 이 모습 이대로
님은 둥글고 모남도 없이 둥글고 모남을 나투어
씁니다.

님은 언제나 무엇이던지 이 모습 이대로
님은 길고 짧음도 없이 길고 짧음을 나투어
씁니다.

님이시여 편강하옵소서
님이시여 행복하옵소서.

늘 오늘
영흥 합장.

님은 님으로 일체를 나투어 누립니다 3

하!

님이시여!

님은 언제나 무엇이던지 이 모습 이대로
님은 더하고 덜함도 없이 더하고 덜함을 나투어
씁니다.

님은 언제나 무엇이던지 이 모습 이대로
님은 정하고 정하지 않음도 없이 정하고 정하지
않음을 나투어 씁니다.

님은 언제나 무엇이던지 이 모습 이대로
님은 귀함과 천함도 없이 귀함과 천함을 나투어
씁니다.

님은 언제나 무엇이던지 이 모습 이대로
님은 더럽고 깨끗함도 없이 더럽고 깨끗함을
나투어 씁니다

님은 언제나 무엇이던지 이 모습 이대로
님은 막히고 통함도 없이 막힘과 통함을 나투어
씁니다.

님은 언제나 무엇이던지 이 모습 이대로
님은 물들이고 물들이지 않음도 없이
물들이고 물들이지 않음을 나투어 씁니다.

님은 언제나 무엇이던지 이 모습 이대로
님은 가고옴이 없이 가고 옴을 나투어 씁니다.

님은 언제나 무엇이던지 이 모습 이대로
님은 머물고 떠남도 없이 머물고 떠남을 나투어
씁니다.

님은 언제나 무엇이던지 이 모습 이대로
님은 이름도 이름아님도 없이 모습과 모습아님을
나투어 씁니다.

님이시여 편강하옵소서
님이시여 행복하옵소서

늘 오늘
영흥 합장.

님은 님으로 일체를 나투어 누립니다 4

하!

님이시여!

님은 언제나 무엇이던 이 모습 이대로
님은 모습도 모습 아님도 없이 모습과 모습 아님을
나투어 씁니다

님은 언제나 무엇이던지 이 모습 이대로
님은 빛깔도 빛깔아님도 없이 빛깔과 빛깔 아님을
나투어 씁니다

님은 언제나 무엇이던지 이 모습 이대로
님은 뜻도 뜻 아님도 없이 뜻도 뜻 아님도
나투어 씁니다.

님은 언제나 무엇이던지 이 모습 이대로
님은 생각도 생각 아님도 없이 생각도 아님도
나투어 씁니다.

님은 언제나 무엇이던지 이 모습 이대로
님은 의지도 의지 아님도 없이 의지도 의지 아님도
나투어 씁니다

님은 언제나 무엇이던지 이 모습 이대로
님은 사상도 사상 아님도 없이 사상과 사상 아님을
나투어 쑵니다

님은 언제나 무엇이던지 이 모습 이대로
님은 철학도 철학 아님도 없이 철학과 철학 아님을
나투어 쑵니다

님은 언제나 무엇이던지 이 모습 이대로
님은 종교도 종교 아님도 없이 종교도 종교 아님도
나투어 쑵니다

님은 언제나 무엇이던지 이 모습 이대로
님은 신앙도 신앙 아님도 없이 신앙과 신앙아님을
나투어 쑵니다

님이시여 편강하옵소서
님이시여 행복하옵소서.

늘 오늘
영흥 합장.

님은 님으로 일체를 나투어 누립니다 5

하!

님이시여!

님은 언제나 무엇이던지 이 모습 이대로
님은 과학도 과학 아님도 없이 과학과 과학아님을
나투어 씁니다

님은 언제나 무엇이던지 이 모습 이대로
님은 학문도 학문 아님도 없이 학문과 학문 아님을
나투어 씁니다

님은 언제나 무엇이던지 이 모습 이대로
님은 예술도 예술 아님도 없이 예술과 예술 아님을
나투어씁니다

님은 언제나 무엇이던지 이 모습 이대로
님은 문학도 문학 아님도 없이 문학과 문학아님을
나투어 씁니다

님은 언제나 무엇이던지 이 모습 이대로
님은 정치도 정치 아님도 없이 정치도 정치 아님도
나투어 씁니다

님은 언제나 무엇이던지 이 모습 이대로
님은 경계도 경계 아님도 없이 경계도 경계 아님을
나투어 씁니다

님은 언제나 무엇이던지 이 모습 이대로
님은 선도 악도 없이 선도 악도 나투어 씁니다

님은 언제나 무엇이던지 이 모습 이대로
님은 잘나고 못남도 없이 잘나고 못남을 나투어
씁니다

님은 언제나 무엇이던지 이 모습 이대로
님은 미움도 고움도 없이 미움과 고움을 나투어
씁니다.

님이시여 편강하옵소서
님이시여 행복하옵소서.

늘 오늘
영흥 합장.

님은 님으로 일체를 나투어 누립니다 6

하!

님이시여!

님은 언제나 무엇이던지 이 모습 이대로
님은 성공도 실패도 없이 성공과 실패를 나투어
씁니다

님은 언제나 무엇이던지 이 모습 이대로
님은 마음도 마음 아님도 없이 마음과 마음이
아님을 나투어 씁니다

님은 언제나 무엇이던지 이 모습 이대로
님은 몸도 몸 아님도 없이 몸도 몸 아님도 나투어
씁니다

님은 언제나 무엇이던지 이 모습 이대로
님은 이승도 저승도 없이 이승과 저승을 홍대로
나투어 씁니다

님은 언제나 이 모습 이대로
님은 사바도 극락도 없이 사바와 극락을 나투어
씁니다

님은 언제나 이 모습 이대로
님은 성인도 범부도 없이 성인과 범부를 나투어
씁니다

님은 언제나 무엇이던지 이 모습 이대로
님은 부처도 중생도 없이 부처도 중생도 나투어
씁니다

님은 언제나 무엇이던지 이 모습 이대로
님은 지혜도 어리석음도 없이 지혜와 어리석음을
나투어 씁니다

님은 언제나 무엇이던지 이 모습 이대로
님은 부도 가난도 없이 부와 가난을 나투어
씁니다

님이시여 편강하옵소서
님이시여 행복하옵소서

늘 오늘
영흥 합장.

님은 님으로 일체를 나투어 누립니다 7

하!

님이시여!

님은 언제나 무엇이던지 이 모습 이대로
님은 영원한 진여실상입니다.

님은 언제나 무엇이던지 이 모습 이대로
님은 영원한 삼매해탈입니다.

님은 언제나 무엇이던지 이 모습 이대로
님은 영원한 상주상락입니다.

님은 언제나 무엇이던지 이 모습 이대로
님은 영원한 본여열반입니다.

님은 언제나 무엇이던지 이 모습 이대로
님은 영원한 여여부동입니다.

님은 언제나 무엇이던지 이 모습 이대로
님은 영원한 자비와 사랑입니다.

님은 언제나 무엇이던지 이 모습 이대로
님은 영원한 바름과 덕입니다.

님은 언제나 무엇이던지 이 모습 이대로
님은 영원한 해와 달을 굴립니다.

님은 언제나 무엇이던지 이 모습 이대로
님은 영원한 산과 물을 펼칩니다.

님은 언제나 무엇이던지 이 모습 이대로
님은 영원한 꽃과 열매를 누립니다.

님은 언제나 무엇이던지 이 모습 이대로
님은 영원한 청풍을 보내고 비와 눈을 내립니다.

님은 언제나 무엇이던지 이 모습 이대로
님은 영원한 고래와 거북이를 춤추게 합니다.

님은 언제나 무엇이던지 이 모습 이대로
님은 영원한 학과 봉황을 노래하게 합니다.

님은 언제나 무엇이던지 이 모습 이대로
님은 영원한 축복입니다.

님은 언제나 무엇이던지 이 모습 이대로
님은 영원한 은혜입니다.

님은 언제나 무엇이던지 이 모습 이대로
님은 영원한 광명입니다.

님은 언제나 무엇이던지 이 모습 이대로
님은 영원한 감로입니다.

님은 언제나 무엇이던지 이 모습 이대로
님은 영원한 보배입니다.

님은 언제나 무엇이던지 이 모습 이대로
님은 영원한 자유입니다.

님은 언제나 무엇이던지 이 모습 이대로
님은 영원한 평화입니다.

님은 언제나 무엇이던지 이 모습 이대로
님은 영원한 행복입니다.

님은 언제나 무엇이던지 이 모습 이대로
님은 영원한 영광입니다.

님은 언제나 무엇이던지 이 모습 이대로
님은 영원한 생명입니다.

님은 언제나 무엇이던지 이 모습 이대로
님은 영원한 나입니다.

님은 언제나 무엇이던지 이 모습 이대로
님은 영원한 완성입니다.

님은 언제나 무엇이던지 이 모습 이대로
님은 영원한 누림입니다

님은 언제나 무엇이던지 이 모습 이대로
님은 영원한 상생입니다.

님이시여 님은 님으로 일체를 초월해서
님은 님으로 일체를 나투어 나로 흥대로 입니다.

님은 콩국수가 되어 만인을 즐겁게 하고
님은 콩떡이 되어 만세상을 풍요롭게 합니다.

하!

님이시여 풍요로우소서
님이시여 활발하옵소서.

늘 오늘
영흥 합장.

항상 님께서 누립니다

하!

님이시여!

님의 큰 웃음
님의 자비로운 웃음
라라리오 라라리오 라라리오
라라리오 라라리오 라라리오 입니다.

풀잎마다 우답바라로 님의 얼굴이요
돌맹이 마다 마니보주로 님의 눈동자 입니다.

거리마다 두더지가 천상교양곡을 부르고
집집마다 부엉이가 극락상주곡을 춤춥니다.

이승도 저승도 해와 달이 똑같고
사바도 극락도 산과 물이 푸릅니다.

부처도 중생도 이대로 해탈이요
유정도 무정도 저절로 행복입니다.

라라리오 라라리오 라라리오
님께선 지금 어떠하옵신지요?

새는 새로 온 법계를 흥대로 이루고
고기는 고기로 온 세상을 흥대로 누립니다.

하!

님이시여!

학과 봉황을 님의 뜨락에 보내고

사자와 호랑이를 님의 눈썹 털로 단련시킵니다.

통쾌하게 통쾌하게 통쾌하게
님의 큰 웃음 동서남북 끝없습니다.

님이시여!

법체 쾌활 쾌활 쾌활 영원하옵소서.

떨어진 꽃잎이 다시 천백억으로 피어 난발하고

깨어진 유리 조각이 다시 천백억으로 방광을
합니다.

스스로 님이시기에 스스로 당당하고
다함께 님이시기에 다함께 여여하십니다.

스스로 법계를 스스로 이루고
스스로 세상을 스스로 누립니다.

다함께 법계를 다함께 이루고
다함께 세상을 다함께 누립니다.

님의 이름으로 분명하고
님의 삶으로 다함없습니다.

하!

님이시여 행복하소서
님이시여 영원하소서.

늘 오늘
영흥 합장.

님께서 오늘은 꽃비로 누립니다

첫 가을 푸른 하늘에
첫 가을 맑은 하늘에
첫 가을 높은 하늘에
첫 가을 밝은 하늘에
천백억 꽃잎 같은 비가
너울 너울 너울 춤추며 내립니다.

곱디 고운 님의 얼굴이요
거룩하고 거룩한 님의 모습입니다.

일체의 허상과 고달픔을 녹여서
감로의 생명수로 축복이 넘칩니다.

환희와 희망과 은혜로 열려서
영광의 광명이 온 행복으로 충만합니다.

해탈이 되어 온 세상 님으로
실상이 되어 온 세상 님으로
상생이 되어 온 세상 님으로
자비가 되어 온 세상 님으로
사랑이 되어 온 세상 님으로
덕이 되어 온 세상 님으로
나보다 더 나를 위한 님으로
우리 보다 더 우리를 위한 님으로

오늘은 님께서 꽃비가 되어
님께서 꽃비로 내가 되어

내 영혼 깊이 사사로움 없이
내 마음 깊이 순수로 내립니다.

너울 너울 너울 춤춥니다
너울 너울 너울 노래 합니다.

님이시여!

언제나 우리 고운 님으로 영원하옵소서.

언제나
우리고운님으로길경하옵소서.

늘 오늘
영흥 합장.

님께서 다함께 누립니다

님이시여!

지고지순한 님이시여
누구나 한결같고
누구나 여여합니다.

누구나 무너짐 없고
누구나 꾸밈이 없습니다.

누구나 당당하고
누구나 우뚝합니다.

누구나 광명이요
누구나 축복입니다.

누구나 은혜요
누구나 감로입니다.

누구나 진여요
누구나 실상입니다.

누구나 불멸이요
누구나 영생입니다.

무엇이던 이대로요
무엇이던 드러난 대로 입니다.

콩 심은데 콩나니 뻐꾹새요
팥 심은데 팥나니 부웅새입니다.

앞산엔 뻐꾹 뻐꾹 뻐꾹 금고기요
뒷산엔 부웅 부웅 부웅 은고기입니다.

붉은 꽃은 붉어서 삼계를 벗어나고
흰 꽃은 희어서 삼세를 흥대로 입니다.

온갖 착한일 온갖 정성으로
아름답고 거룩한 삶 행복합니다.

이승이나 저승이나 님께서 춤추고
사바나 극락이나 님께서 노래합니다.

이승이나 저승이나 누구나 해탈이요
사바나 극락이나 누구나 상락입니다.

누구나 님으로 우담바라요
무엇이던 님으로 마니보주입니다.

님은 님으로 일체를 이루어 쓰고
님은 님으로 일체를 다함없이 누립니다.

청정 무구한 님이시여
원융무애한 님이십니다.

광대무변한 님이시고
여여부동한 님이십니다.

불생불멸의 님이시고
항사묘용의 님이십니다.

본나 본낙의 님이시고
참나 참낙의 님이십니다.

오고 가고 붉고 흰꽃 난발하고
머물고 떠나고 산호열매 계수열배 무진장입니다.

매미는 맴맴맴 삼세를 흥대로 열고
잠자리는 훨훨훨 삼세를 님께 맡겨 자유로
누립니다.

담장위에 박과 호박이 줄줄이 보름달 같이 익어서
본불 본낙으로 누구나 무엇이던 님의 나로 온
법계를 펼칩니다.

님이시여!

영원한 우리의 님인 나로 언제나 평안 하옵소서.
영원한 우리의 님인 나로 언제나 축복입니다.

하!

늘 오늘
영흥 합장.

님은 나로 늘 푸른 삶입니다

나도 님도 늘 푸르니
나도 님도 늘 푸르니
삼라만상 늘 푸릅니다.

내가 늘 푸르고
님도 늘 푸르고

우리가 늘 푸르고
세상이 늘 푸릅니다.

내 마음 늘 푸르게 쓰고
내 몸 늘 푸르게 쓰고

내 뜻 늘 푸르게 쓰고
내일 늘 푸르게 씁니다.

세월도 늘 푸른 세월에
님 보고픔도 늘 푸른 보고픔 입니다.

님 계신 하늘도 늘 푸르고
님 계신 땅도 늘 푸르고

님 계신 세상도 늘 푸르고
님 계신 마을도 늘 푸르고

님 계신 고향도 늘 푸르고
님 계신 집도 늘 푸를텐데

동서남북 늘 푸른 동서남북에
님 맞을 길 늘 열어놓았는데

님 모습 보이지 않습니다.
님 자취 찾을수 없습니다.

어쩔라나 늘 푸르고
저쩔라나 늘 푸른데

허공에 찍을거냐
강물에 세길거냐

내가 님이 될거냐
님이 내가 될거냐

내가 늘 푸르러서 님이요
님이 늘 푸르러서 나 입니다.

서로 서로 늘 푸름 속에서
늘 푸른 그리움을 담아 보냅니다.

늘 푸른 사랑이 되어
늘 푸른 행복이 되어

늘 푸른 자유가 되어
늘 푸른 평화가 되어

늘 푸른 진여가 되어
늘 푸른 실상이 되어

늘 푸른 해탈이 되어
늘 푸른 생명이 되어

늘 푸른 진리가 되어
늘 푸른 자비가 되어

늘 푸른 영원에서
늘 푸른 영원으로

늘 푸른 차로 빚어서 마시며
늘 함께 늘 푸름으로 누립니다.

언제나 어느 곳에나 무엇에나
늘 푸름으로 한결 같아서

늘 푸른 축복으로
늘 푸른 은혜로

늘 푸른 나의 님으로
늘 푸른 우리들의 님으로

늘 푸르게 평안하소서
늘 푸르게 길경하소서.

늘 오는
영흥 합장.

진여해탈

님이시여!

님은 나로 이러히 일르십니다

요즈음 날씨 때가 때인 만큼
아침저녁으로 찬 기운 일어 차다 하십니다.

옷 따뜻하게 입고 잘때 이불 꼭 덥고 감기 조심
몸조심하라 하십니다.

먹는 것 알맞게 먹고 좀 적게 먹고 몸 건강
잘 관리하라 하십니다.

헛 짓 헛 일에 제 정신 잊지 말고
부디 정신 차려 좋은 생각 좋은 행하라 하십니다.

있는 것 없는 것 아낌없이 베풀며
실답게 보람되게 살라 하십니다.

강물같이 흘러가는 세월 구름같이 흘러가는 세월
머물 수 없는 세월 붙잡을 수 없는데
일생 백년이 얼마나 되건데 헤매이뇨?

내 업 닦고 내 일 이루기 바쁘다 하십니다.

잠시 담아온 세월 망상 망념으로 허송세월 말고
소중하고 소중하게 실상실념으로 잘 쓰라
하십니다.

내가 나로 나인 것을 알고 사는 것이 부처요

내가 나로 나인 것을 모르고 사는 것이 중생이라 하십니다.

살아도 나요 몰라도 나니
알고 모르고 관계없이 내가 바로 진리요 각이라
하십니다.

부처도 나요 중생도 나이니
내가 바로 중생이요 부처라 하십니다.

내가 중생노릇해서 중생에 물들지 말고
내가 부처노름해서 부처에 물들지 마라 하십니다.

내가 중생 부처 초월해서
내가 중생 부처 원융무애로 쓰라 하십니다.

내가 나를 찾아 만나 쓰고 펼치고 누리는 것이
내가 일체를 실답게 쓰고 펼치고 누리는 것이라
하십니다.

언제 어디서나 무엇에나 일체가 나요
언제 어디서나 무엇에나 내가 일체라 하십니다.

내가 주인이요 창조니
온 법계 온 세상 온 삼라만상 다 나요 나의
나툼이라 하십니다

나를 잘 쓰면 행복한 세상이요
나를 잘못 쓰면 불행한 세상이라 하십니다.

님이시여!

나를 항상 걱정해주시고 염려해주시고
사랑해주십니다.

늘 편강하옵소서 날마다 좋은날 되소서
늘 길경하옵소서 날마다 좋은 세월 되소서.

늘 오늘
영흥 합장.

보리 콩 팥 벼구나

청산은 산새 노래 소리 좋고
바다는 물새 노래 소리 좋고

시중에는 찹쌀떡 파는 소리 좋고
집안에는 아이 웃는 소리 좋습니다.

한잔 차 마주 앉아 마시니
일편 단심 님이 좋구나
물 없는 사막에도 연꽃이 피겠습니다.

보리 콩 팥 벼 온 세상에 뿌리니
영원한 행복 영원한 풍요
영원한 태평성대 쾌지나칭칭나네입니다.

님이시여 편강하옵소서
님이시여 행복하옵소서.

늘 오늘
영흥 합장.

원효사가 있구나

원효사가 있습니다
원효사가 있습니다

원효가 무등산입니까
무등산이 원효입니까

무등산인 그대입니까
그대가 원효사입니까

저 밝고 밝은 보름달이 원효사입니까
천 년 전 님이 애달파 하던 님 원효입니까
요석공주입니까 그대입니까 풀잎입니까 설총입니까

풀잎마다 바스락 거리는 달빛
풀벌레 잠못들어 합니다

푸른 대숲 흔드는 달빛 또한
이 긴장을 녹입니다

천년 전이나 천년 후나

사랑이 무엇인가

님이 무엇인가

세월이 무엇인가

세상이 무엇인가
인생이 무엇인가

그대가 무엇인가
내가 무엇인가

꽃 피고 꽃 지고
달 뜨고 달 지고

오늘은 원효가 달이 돠어
무등산 원효사에 떴습니다
세상이 달이 되어 원효로 떴습니다.

하!

님이시여 당신이 원효요
님이시여 원효가 요석입니다
님이시여 당신이 요석이요
님이시여 요석이 원효입니다
님이시여 오늘 나는 달나그대입니다.

늘 오늘
영흥 합장.

산촌

바람이 세월인가
세월이 바람인가

구름이 세월인가
강물이 세월인가

세상이 세월인가
세월이 그대인가

내가 세월인가
세월이 나인가

산새 노래 소리
억겁 없이 녹아지고

일체 중생 일체 본불입니다
일체중생 일체 본님입니다.

님이시여 그대여 나여 세월이여
그대여 나여 세월이여 님이시여

자유로우소서
평화로우소서.

하!

늘 오늘
영흥 탑장.

상주상락

님이시여!
언제나 참님입니다.

님이시여!
언제나 고운 님이십니다.

님이시여!
언제나 청순하십니다.

님이시여!
언제나 구족하십니다.

님이시여!
언제나 한결 같습니다.

님이시여!
언제나 활발하십니다.

언제나 눈썹털마다
삼계를 흥대로 거두고 흥대로 펼칩니다.

온 우주 법계 온 세상 온 삼라만상
흥대로 이루고 흥대로 씁니다.

이리하여 억조창생입니다
이리하여 억조축복 입니다

누가 은혜롭지 않으리오
누가 행복지 않으리오
누가 자유롭지 않으리오
누가 평화롭지 않으리오
누가 사랑하지 않으리오
누가 자비롭지 않으리오

때 맞추어 꽃비요
때 맞추어 꽃빛이요
때 맞추어 꽃열매요
때 맞추어 꽃보주입니다.

누구나 구족하여
온갖 낙 무한히 누립니다.

님이시여!
아름답습니다.

님이시여!
지고지순합니다.

님이시여!
생멸을 초월했습니다.

님이시여!
유무를 초월했습니다.

님이시여!
색공을 초월했습니다.

님이시여!
시공을 초월했습니다.

님이시여!
시종을 초월했습니다.

님이시여!
미오를 초월했습니다.

님이시여!
시비를 초월했습니다.

님이시여!
분별을 초월했습니다.

님이시여!
일체를 초월해서 일체를 원융무애 합니다.

님이시여!
누구나 해탈입니다.

님이시여!
안심하옵소서, 평안하십니다.

늘 오늘
영흥 합장.

님은 나로 님입니다

님이시여!
늘 함께 하면서도 늘 함께 하고픈 님입니다

언제나 어느 곳에나 무엇에나
내 인생 늘 님이십니다

님이시여!
한결같은 님 얼굴 내 얼굴입니다
곱디고운 모습 님 모습 내 모습입니다

님이시여!
가을꽃 만발한 뜨락을 거닙니다
가을빛 난발한 꽃숲에 앉습니다

비슷한 인연들을 생각합니다
모두들 나로 눈물짓고 웃음 짓습니다

아직 덜 채운 인생사 연민이 있고
지금도 넘치는 세상사 환희가 있습니다

내 살뜰한 인생 아낌없이 바칩니다
내 살뜰한 삶 다함없이 바칩니다

온세상 넘치는 행복을 위합니다

온세상 넘치는 축복을 위합니다

온세상 넘치는 사랑을 위합니다
온세상 넘치는 기쁨을 위합니다

온세상 넘치는 은혜를 위합니다
온세상 넘치는 자비를 위합니다

온세상 넘치는 염원을 위합니다
온세상 넘치는 성공을 위합니다

온세상 넘치는 님을 위합니다
온세상 넘치는 그대를 위합니다

온세상 넘치는 너를 위합니다
온세상 넘치는 나를 위합니다

님이시여!
온세상 그대로 님이십니다

온세상 넘치는 우리를 위합니다
온세상 넘치는 모두를 위합니다

님이시여!
온세상 그대로 해탈입니다

님이시여!

온세상 그대로 길겅입니다

무진진락 나누소서
무진편강 나누소서

늘 오늘
연홍 합장

164

누렁지도 님이십니다

님이시여!
불러도 불러도 다함없는 님입니다

이 세상 무엇하고도 바꿀 수 없기에
소중하고 소중하고 존귀한 님입니다

푸른 하늘 흰 구름 끝입니다
흰 구름 끝 푸른 하늘입니다

먼 산 먼 삼자 바람도 자고 가고
햇빛도 졸고 있는 한 모퉁이 마루턱에 앉았습니다

내 인생 빚어 놓은 누렁지를 먹습니다
내 삶 빚어 놓은 누렁지를 먹습니다

내 청춘 빚어 놓은 누렁지를 먹습니다
내 열정 빚어 놓은 누렁지를 먹습니다

내 연민 빚어 놓은 누렁지를 먹습니다
내 고뇌 빚어 놓은 누렁지를 먹습니다

내 번민 빚어 놓은 누렁지를 먹습니다
내 방황 빚어 놓은 누렁지를 먹습니다

내 고독 빚어 놓은 누렁지를 먹습니다
내 외로움 빚어 놓은 누렁지를 먹습니다

내 속박 빚어 놓은 누렁지를 먹습니다
내 해탈 빚어 놓은 누렁지를 먹습니다

누렁지 속에 해와 달을 먹습니다
누렁지 속에 산과 물을 먹습니다

누렁지 속에 꽃과 열매를 먹습니다
누렁지 속에 별과 온 우주를 먹습니다

누렁지 속에 유정무정을 먹습니다
누렁지 속에 온 삼라만상을 먹습니다

누렁지 속에 온 세상 온 법계를 먹습니다
누렁지 속에 이승과 저승을 먹습니다

누렁지 속에 지옥과 천국을 먹습니다
누렁지 속에 사바와 극락을 먹습니다

누렁지 속에 연기와 윤회를 먹습니다
누렁지 속에 인과와 육도를 먹습니다

누렁지 속에 정진과 인욕을 먹습니다
누렁지 속에 선정과 지혜를 먹습니다

누룽지 속에 속박과 해탈을 먹습니다
누룽지 속에 생사와 열반을 먹습니다

누룽지 속에 진여와 실상을 먹습니다
누룽지 속에 여여와 상락을 먹습니다

누룽지 속에 색공을 먹습니다
누룽지 속에 시공을 먹습니다

누룽지 속에 시종을 먹습니다
누룽지 속에 명암을 먹습니다

누룽지 속에 미오를 먹습니다
누룽지 속에 유무를 먹습니다

그대가 학이 되어 노래합니다
내가 봉황이 되어 춤 춥니다

님이 학이 되어 노래합니다
세상이 봉황이 되어 춤 춥니다

꽃잎마다 끝없는 평화입니다
빛마다 끝없는 자유입니다

풀벌레도 꿈꾸며 행복합니다
다람쥐도 달리며 행복합니다

님께서 누렁지 먹으며 웃습니다
웃음 속에 행복을 길이 누립니다

누렁지가 님이 됩니다
님이 누렁지가 됩니다

온 법계 온 세상이 누렁지입니다
누렁지가 온갖 삶 온갖 낙입니다

고고한 맛 동서남북 보냅니다
고고한 향기 삼라만상 누립니다

모두가 우담바라입니다
모두가 마니보주입니다

스스로 온 전체로 감로입니다
스스로 온 전체로 축복입니다

근원적 절대로 진여입니다
절대 근원적 실상입니다

님 스스로 존귀합니다
님 다함께 보존합니다

온 전체로 누리소서
낱낱이 나누소서

아직도 남은 누룽지를 먹습니다
길이 번창할 인생을 먹습니다

님이시여 언제나 여여하옵소서
님이시여 무엇이든 상락하옵소서.

늘 오늘
영흥 합장.

불생불멸의 달입니다

님이시여!
님입니다 달입니다

님이시여!
나입니다 우리입니다

님이시여!
나의 님 우리 님 달님이십니다

온 법계 휘영청 달이 밝습니다
온 세상 휘영청 달이 밝습니다

온 나라 휘영청 달이 밝습니다
온 사회 휘영청 달이 밝습니다

온 마을 휘영청 달이 밝습니다
온 집 휘영청 달이 밝습니다

온 가족 휘영청 달이 밝습니다
온 우리 휘영청 달이 밝습니다

온 나 휘영청 달이 밝습니다
온 님 휘영청 달이 밝습니다

님이시여!
달님이신 님 달입니다 나 달입니다

꽃 피는 봄에도 달은 밝습니다
비오는 여름에도 달은 밝습니다

열매 익는 가을에도 달은 밝습니다
눈 오는 겨울에도 달은 밝습니다

강남강북에도 달은 밝습니다
산동산서에도 달은 밝습니다

이 거리 저 거리에도 달은 밝습니다
이 언덕 저 언덕에도 달은 밝습니다

이 시장 저 시장에도 달은 밝습니다
이 골목 저 골목에도 달은 밝습니다

가나오나 달은 밝습니다
머무나 떠나나 달은 밝습니다

이 사람 저 사람 달은 밝습니다
나나 너나 달은 밝습니다

하늘에나 땅에나 달은 밝습니다
이래나 저래나 달은 밝습니다

풀잎도 돌멩이도 달은 밝습니다
티끌도 물거품도 달은 밝습니다

유정도 무정도 달은 밝습니다
범부도 성인도 달은 밝습니다

이승도 저승도 달은 밝습니다
지옥도 천국도 달은 밝습니다

사바도 극락도 달은 밝습니다
중생도 부처도 달은 밝습니다

눈도 눈썹털도 달은 밝습니다
코도 코구멍도 달은 밝습니다

귀도 귀구멍도 달은 밝습니다
입도 목구멍도 달은 밝습니다

배도 배꼽도 달은 밝습니다
이마도 얼굴도 달은 밝습니다

손도 팔도 달은 밝습니다
발바닥도 발가락도 달은 밝습니다

등바닥도 어깨도 달은 밝습니다
다리도 머리도 달은 밝습니다

마음도 생각도 달은 밝습니다
꿈 속에도 잠 속에도 달은 밝습니다

죽었으나 살았으나 달은 밝습니다
고와도 미워도 달은 밝습니다

좋아도 싫어도 달은 밝습니다
깨치나 미해도 달은 밝습니다

밝아도 캄캄해도 달은 밝습니다

님이시여 편강하옵소서
언제나 어느 곳에나 달은 밝습니다

님이시여 길경 나누소서
스스로 다함께 무엇에나 달은 밝습니다.

늘 오늘
영흥 합장.

무엇이든 다 달입니다

님이시여!
항상 거룩합니다

님이시여!
항상 성스럽습니다

님이시여! 아름답습니다
항상 다함께 달님이십니다

풀잎도 돌멩이도 달입니다 님입니다
꽃도 열매도 달입니다 님입니다

산새도 물새도 달입니다 님입니다
물고기도 산짐승도 달입니다 님입니다

쇠붙이 보석도 달입니다 님입니다
새금파리 기와조각도 달입니다 님입니다

비도 눈도 달입니다 님입니다
구름도 안개도 달입니다 님입니다

번개도 벼락도 달입니다 님입니다
불도 바람도 달입니다 님입니다

산도 바위도 달입니다 님입니다
바다도 강물도 달입니다 님입니다

하늘도 별도 달입니다 님입니다
땅도 흙도 달입니다 님입니다

금도 은도 달입니다 님입니다
티끌도 거품도 달입니다 님입니다

알맹이도 껍데기도 달입니다 님입니다
허수아비도 그림자도 달입니다 님입니다

해와 달도 달입니다 님입니다
신도 사람도 달입니다 님입니다

사바도 극락도 달입니다 님입니다
중생도 부처도 달입니다 님입니다

님이시여
언제나 한결 같습니다

님이시여
어느 곳에나 똑같습니다

님이시여
무엇에나 달입니다 님입니다

님이시여
무궁무진 행복 누리소서 나누소서.

늘 오늘
영흥 합장.

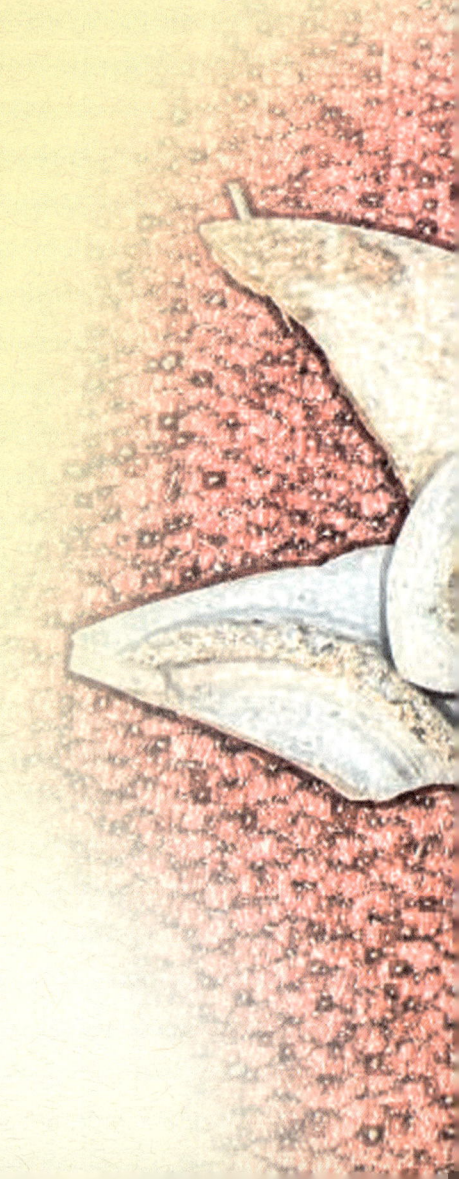

다함께 무엇이든 님달 나닙니다

님이시여!
늘 함께 합니다

님이시여!
늘 똑 같습니다

님이시여!
늘 꼭입니다

님이시여!
늘 참입니다

님의 달 나닙니다
나의 달 님입니다

언제나 님의 달 나닙니다
무엇이든 님의 달 나닙니다

잘나도 못나도 님의 달 나닙니다
좋아도 싫어도 님의 달 나닙니다

귀해도 천해도 님의 달 나닙니다
부해도 빈해도 님의 달 나닙니다

지옥에도 천국에도 님의 달 나입니다
사바에도 극락에도 님의 달 나입니다

이승에도 저승에도 님의 달 나입니다
이런 세상 저런 세상도 님의 달 나입니다

중생도 부처도 님의 달 나입니다
깨쳐도 미해도 님의 달 나입니다

유정도 무정도 님의 달 나입니다
유도 무도 님의 달 나입니다

색도 공도 님의 달 나입니다
시작도 끝도 님의 달 나입니다

시간도 공간도 님의 달 나입니다
과거도 미래도 님의 달 나입니다

현재도 미래도 님의 달 나입니다
영겁 전도 영겁 후도 님의 달 나입니다

생도 죽음도 님의 달 나입니다
연기도 윤회도 님의 달 나입니다

원인도 결과도 님의 달 나입니다
조건도 과정도 님의 달 나입니다

가도 와도 님의 달 나입니다
머물러도 떠나도 님의 달 나입니다

쉬워도 무너져도 님의 달 나입니다
펼쳐도 거둬도 님의 달 나입니다

높아도 낮아도 님의 달 나입니다
넓어도 좁아도 님의 달 나입니다

깊어도 얕아도 님의 달 나입니다
커도 작아도 님의 달 나입니다

굵어도 가늘어도 님의 달 나입니다
강해도 약해도 님의 달 나입니다

모나고 둥글어도 님의 달 나입니다
뾰족하고 무디어도 님의 달 나입니다

길고도 짧아도 님의 달 나입니다
무겁고 가벼워도 님의 달 나입니다

단단하고 허술해도 님의 달 나입니다
꼭 맞고 어긋나도 님의 달 나입니다

똑같고 달라도 님의 달 나입니다
멈추고 지속해도 님의 달 나입니다

변해도 한결같아도 님의 달 나입니다
더디고 빨라도 님의 달 나입니다

탁하고 맑음도 님의 달 나입니다
어둡고 밝음도 님의 달 나입니다

인과도 육도도 님의 달 나입니다
업도 생활도 님의 달 나입니다

분별도 시비도 님의 달 나입니다
방황도 의혹도 님의 달 나입니다

어지러움도 고요도 님의 달 나입니다
번뇌도 해탈도 님의 달 나입니다

게으름도 부지런함도 님의 달 나입니다
어리석음도 지혜도 님의 달 나입니다

인색도 보시도 님의 달 나입니다
교만도 덕도 님의 달 나입니다

인격도 인품도 님의 달 나입니다
사랑도 자비도 님의 달 나입니다

선정도 정진도 님의 달 나입니다
인욕도 지계도 님의 달 나입니다

망상도 실상도 님의 달 나입니다
무명도 진여도 님의 달 나입니다

붉고 푸름도 님의 달 나입니다
검고 흼도 님의 달 나입니다

달고 써도 님의 달 나입니다
짜고 시어도 님의 달 나입니다

님이시여!
어쩌서 이러랍니까?

영혼도 마음도 님의 달 나입니다
생각도 몸도 님의 달 나입니다

느낌도 맛도 님의 달 나입니다
보는 것도 듣는 것도 님의 달 나입니다

식도 인식도 님의 달 나입니다
말도 침묵도 님의 달 나입니다

뜻도 행함도 님의 달 나입니다
다듬고 가꿈도 님의 달 나입니다

거두고 펼침도 님의 달 나입니다
쓰고 누림도 님의 달 나입니다

이루고 흩어지고 님의 달 나입니다
세우고 무너지고 님의 달 나입니다

열고 닫고 님의 달 나입니다
드러내고 감추고 님의 달 나입니다

꿈도 현실도 님의 달 나입니다
잠도 깸도 님의 달 나입니다

지금의식도 잠재의식도 님의 달 나입니다
무의식도 초월식도 님의 달 나입니다

님이시여!
우린 항상 이러히 쓰고 누립니다

오식을 굴려 성조작지로 님의 달 나입니다
육식을 굴려 묘관찰지로 님의 달 나입니다

칠식을 굴려 평등성지로 님의 달 나입니다
팔식을 굴려 대원경지로 님의 달 나입니다

초월식 깬식 이대로 님의 달 나입니다
온 전체로 낱낱이 이대로 님의 달 나입니다

모두가 내가 이대로 님의 달 나입니다
언제나 무엇이든 이대로 님의 달 나입니다

모두가 내가 이대로 님의 달 나입니다
내가 모두 이대로 님의 달 나입니다

모두가 님입니다 모두가 달입니다
내가 달입니다 내가 님입니다

모두가 님의 달로 나입니다
내가 모두의 달로 님의 나입니다

님이신 나여 언제나 거룩합니다
나이신 님이여 무엇이든 존귀합니다

님이신 나여 언제나 평안하소서
나이신 님이여 무엇이든 길경하소서

우리 모두인 나여 행복하소서
나의 우리 모두인 님이시여 본락 나누소서

늘 오늘
영흥 합장.

186

달님입니다

님이시여!
님이십니다

님은 이대로입니다
님은 가식이 없습니다

님은 오로지 님으로 참으로 거룩합니다
님은 절대 님으로 참으로 존귀합니다

님은 언제나 님으로 참으로 축복입니다
님은 어느 때나 님으로 참으로 영광입니다

님은 어느 곳에나 님으로 참으로 광명입니다
님은 어느 것에나 님으로 참으로 감로입니다

님은 한결같이 님으로 참으로 찬란합니다
님은 꼭맞게 님으로 참으로 아름답습니다

님은 똑같이 님으로 참으로 평화롭습니다
님은 여여히 님으로 참으로 자유롭습니다

님은 청청하게 님으로 참으로 안락합니다
님은 청순하게 님으로 참으로 행복합니다

님은 은혜롭게 님으로 참으로 경이스럽습니다
님은 사랑스럽게 님으로 참으로 풍요스럽습니다

님은 열림으로 님으로 참으로 자비롭습니다
님은 무한히 님으로 참으로 해탈입니다

님은 고요히 님으로 참으로 진여입니다
님은 밝음으로 님으로 참으로 실상입니다

님이시여!
모두가 기쁨으로 불러보는 님이십니다

영겁 전에도 님은 나의 님입니다
영겁 후에도 님은 나의 님입니다

영겁 지금에도 님은 나의 님입니다
영겁에 걸림없이 님은 나의 님입니다

전생에도 님은 나의 님입니다
후생에도 님은 나의 님입니다

현생에도 님은 나의 님입니다
시간에도 공간에도 님의 나 님입니다

님은 고운 영혼이십니다
님은 고운 마음이십니다

님은 고운 생각이십니다
님은 고운 행이십니다

님은 고운 모습이십니다
님은 고운 자태입니다

님은 고운 빛깔입니다
님은 고운 이름입니다

님은 고운 뜻입니다
님은 고운 일입니다

님은 전생에도 그랬듯이
님은 금생에도 이러했고

님은 후생에도 그러할 것이며
님은 시간과 공간에도 이러할 것입니다

님은 영겁 전에도 그랬듯이
님은 영겁 후에도 이러할 것이며

님은 영겁 지금에도 이러하고
님은 영겁에 걸림없이 이러합니다

님의 고움은 무엇에도 견줄 바 없으며
님의 고움은 광대무변하여 끝이 없습니다

님의 고움은 우리들의 고움으로 온 밥째며
님의 고움은 나의 고움으로 온 세상입니다

님이시여!
님의 고움은 님의 고움으로 바로 나입니다

님이시여!
무궁무진 온갖 낙 함께 주럽니다

님이시여!
님의 고움 무궁무진 나투쇼셔 나누소서.

늘 오늘
영흥 합장.

님

님이시여
님의 님들이시여

님들의 님이시여
님인 오직 님이시여

님입니다
본래 님입니다

님입니다
참으로 님입니다

님입니다
꼭 맞는 님입니다

님입니다
똑같은 님입니다

님입니다
여여한 님입니다

님입니다
여여한 님입니다

님입니다
다 님입니다

님입니다
해 같은 님입니다

님입니다
달 같은 님입니다

님입니다
별 같은 님입니다

님입니다
청산 같은 님입니다

님입니다
바다 같은 님입니다

님입니다
옥 같은 님입니다

님입니다
금 같은 님입니다

님입니다
다함 없는 님입니다

님입니다
따로 없는 님입니다

님입니다
남은 없는 님입니다

님입니다
무명업식이 님입니다

님입니다
진여실상이 님입니다

님입니다
번뇌망상이 님입니다

님입니다
삼매해탈이 님입니다

님입니다
생로병사가 님입니다

님입니다
본여열반이 님입니다

님입니다
육도윤회가 님입니다

님입니다
상주상락이 님입니다

님입니다
사바가 님입니다

님입니다
극락이 님입니다

님입니다
이승이 님입니다

님입니다
저승이 님입니다

님입니다
중생이 님입니다

님입니다
부처가 님입니다

님입니다
그대가 님입니다

님입니다
내가 님입니다

님입니다
우리가 님입니다

님입니다
모두가 님입니다

님입니다
아낌없는 님입니다

이러하여 유정무정이 다 안락합니다
이러하여 유정무정이 다 행복합니다
이러하여 유정무정이 다 본낙참낙입니다
이러하여 유정무정이 다 본나참나입니다.

님은 나로 누구나 다함께 법계요
님은 나로 누구나 다함께 세상이요
님은 나로 누구나 다함께 삼라만상이요
님은 나로 누구나 다함께 삶입니다.

님은 나로 언제나 여여히 지고지순합니다
님은 나로 어느 때나 여여히 거룩합니다
님은 나로 어느 곳에나 여여히 성서럽습니다
님은 나로 어느 것에나 여여히 아름답습니다.

세상은 님으로 옥풍이 붑니다
세상은 님으로 금풍이 붑니다
세상은 님으로 옥꽃이 난발합니다

세상은 님으로 금꽃이 난발합니다
세상은 님으로 옥열매가 무진장합니다
세상은 님으로 금열매가 무진장합니다
세상은 님으로 무한한 풍요로 넘칩니다
세상은 님으로 무한한 안락으로 넘칩니다.

님이시여 무궁무진 길경하옵니다
님이시여 무궁무진 축복하옵니다

님이시여 사랑합니다
님이시여 영원히 사랑합니다

님이시여 이 세상 다 한 후에도
님이시여 무궁무진 사랑합니다

님이시여 성불을 누리소서
님이시여 본불을 누리소서

님이시여 다함없는 이 사랑으로
님이시여 해탈을 누리소서 열반을 누리소서

님이시여 스스로 님으로 능히
님이시여 온 님을 사랑하소서

님이시여 세월 안이나 세월 밖이나
님이시여 편강하소서 행복하소서.

늘 오늘
영흥 합장.

님은 본나로 절대 행복입니다

님이시여
살뜰하신 님이시여
푸르다 못해 더 푸르고
맑다 못해 더 맑은
이 청아한 가을에
한 잎 붉고 노란 고운 단풍잎이
청풍에 훨훨훨 날아
이 창가 이 가슴에 날아와 안깁니다

이승과 저승을 지나 오셨습니까
지옥과 천국을 지나 오셨습니까
사바와 극락을 지나 오셨습니까
성인과 범부를 지나 오셨습니까
중생과 부처를 지나 오셨습니까?

유생무생을 지나 오셨습니까
유정무정을 지나 오셨습니까
유상무상을 지나 오셨습니까
유색무색을 지나 오셨습니까
유공무공을 지나 오셨습니까
유명무명을 지나 오셨습니까
유념무념을 지나 오셨습니까
유염무염을 지나 오셨습니까
유시무시을 지나 오셨습니까

유종무종을 지나 오셨습니까
유주무주를 지나 오셨습니까?

생사를 녹여 절대 나로 오셨습니까
유무를 녹여 절대 나로 오셨습니까
색공을 녹여 절대 나로 오셨습니까
시공을 녹여 절대 나로 오셨습니까
시종을 녹여 절대 나로 오셨습니까
명암을 녹여 절대 나로 오셨습니까
선악을 녹여 절대 나로 오셨습니까
안팎을 녹여 절대 나로 오셨습니까
앞뒤를 녹여 절대 나로 오셨습니까
상하를 녹여 절대 나로 오셨습니까
연기를 녹여 절대 나로 오셨습니까
인과를 녹여 절대 나로 오셨습니까
윤회를 녹여 절대 나로 오셨습니까
육도를 녹여 절대 나로 오셨습니까
삼세를 녹여 절대 나로 오셨습니까
미오를 녹여 절대 나로 오셨습니까?

사상을 녹여 절대 나로 오셨습니까
철학을 녹여 절대 나로 오셨습니까
종교를 녹여 절대 나로 오셨습니까
과학을 녹여 절대 나로 오셨습니까
역사를 녹여 절대 나로 오셨습니까
문명을 녹여 절대 나로 오셨습니까
문화를 녹여 절대 나로 오셨습니까?

허공을 녹여 절대 나로 오셨습니까
물질을 녹여 절대 나로 오셨습니까
정신을 녹여 절대 나로 오셨습니까
생각을 녹여 절대 나로 오셨습니까
마음을 녹여 절대 나로 오셨습니까
영혼을 녹여 절대 나로 오셨습니까
육신을 녹여 절대 나로 오셨습니까
나를 녹여 절대 나로 오셨습니까?

탐진치를 녹여 계정혜로 오셨습니까
육바라밀을 녹여 팔정도로 오셨습니까
무명업식을 녹여 진여실상으로 오셨습니까
번뇌망상을 녹여 삼매해탈로 오셨습니까
생로병사를 녹여 본여열반으로 오셨습니까
육도윤회를 녹여 상주상락으로 오셨습니까

님이시여
꽃해 같은 님이시여

아상은 아상으로 아상 뿐이니
아상은 아상으로 딴 것이 없어서
아상은 아상으로 청정무구하여
아상 이대로 해탈이요 진여요 실상입니다.

인상은 인상으로 인상 뿐이니
인상은 인상으로 딴 것이 없어서
인상은 인상으로 청정무구하여

인상 이대로 해탈이요 진여요 실상입니다.

중생상은 중생상으로 중생상 뿐이니
중생상은 중생상으로 딴 것이 없어서
중생상은 중생상으로 청정무구하여
중생상은 중생상으로 해탈이요 진여요 실상입니다.

수자상은 수자상으로 수자상 뿐이니
수자상은 수자상으로 딴 것이 없어서
수자상은 수자상으로 청정무구하여
수자상은 수자상으로 해탈이요 진여요 실상입니다.

부처상은 부처상으로 부처상 뿐이니
부처상은 부처상으로 딴 것이 없어서
부처상은 부처상으로 청정무구하여
부처상은 부처상으로 해탈이요 진여요 실상입니다.

님이시여
늘 함께하는 님이시여

어떻게 사는 것이 가장 잘 사는 것인가요
어떻게 사는 것이 가장 행복한가요
어떻게 사는 것이 가장 가치인가요?

님이시여
항상 여의지 않는 님이시여

스스로 본나로 사는 것이 가장 잘 사는 거라고요
스스로 본나로 사는 것이 가장 행복한 거라고요
스스로 본나로 사는 것이 가장 가치있는 거라네요.

님이시여
항상 누리시는 님이시여

스스로 본나는 스스로 다함께 온법계요
스스로 본나는 스스로 다함께 온세상이요
스스로 본나는 스스로 다함께 온삼라만상이요
스스로 본나는 스스로 다함께 온삶 온일이요
스스로 본나는 스스로 다함께 온진여실상이요
스스로 본나는 스스로 다함께 온삼매해탈이요
스스로 본나는 스스로 다함께 온본여열반이요
스스로 본나는 스스로 다함께 온무량극락입니다.

님이시여
언제나 다감한 님이시여

일체를 나로 청청히 순백순수합니다
일체를 나로 남음 없이 지고지순합니다
일체를 나로 다함 없이 광대무변합니다
일체를 나로 분명히 대기대용합니다
일체를 나로 꼭맞게 원만구족합니다
일체를 나로 똑같이 원융무애합니다
일체를 나로 여여히 상주상락합니다
일체를 나로 무진장 활발상생합니다

님이시여
다 본나참님이시여

언제나 나는 끝없이 무한광명합니다
언제나 나는 끝없이 무한감로합니다
언제나 나는 끝없이 무한보배합니다
언제나 나는 끝없이 무한축복합니다
언제나 나는 끝없이 무한복혜합니다
언제나 나는 끝없이 무한공덕합니다
언제나 나는 끝없이 무한공경합니다
언제나 나는 끝없이 무한자비합니다
언제나 나는 끝없이 무한회향합니다
언제나 나는 끝없이 무한본생명합니다
언제나 나는 끝없이 무한본나합니다
언제나 나는 끝없이 무한참나합니다
언제나 나는 끝없이 무한절대나합니다

님이시여
다 거룩하신 님이시여

스스로 일체를 흥대로 이룹니다
스스로 일체를 흥대로 엽니다
스스로 일체를 흥대로 드러냅니다
스스로 일체를 흥대로 나툽니다
스스로 일체를 흥대로 응합니다
스스로 일체를 흥대로 씁니다
스스로 일체를 흥대로 펼칩니다

스스로 일체를 흥대로 누립니다
스스로 일체를 흥대로 사사로움 없습니다
스스로 일체를 흥대로 물들임 없습니다
스스로 일체를 흥대로 걸림이 없습니다
스스로 일체를 흥대로 자유자재합니다
스스로 일체를 흥대로 중도실상합니다.

님이시여
다 곱디고운 님이시여

붉고 노란 고운 한 잎 단풍잎이여
단풍잎은 단풍잎으로 오로지 단풍잎으로
온법계 온세상 온삼라만상 온삶으로 드러나
나로 단풍잎으로 님으로 절대진여로 실상으로
불생불멸의 영원한 해탈이요 극락입니다.

님이시여
다 절대 님이시여
늘 오늘 영원한 날에 편강합니다
영원한 늘 오늘 길경합니다

행복하소서
자유로우소서.

늘 오늘
영흥 합장.

님을 찬합니다

님!

님이십니다 님이시여
이승도 저승도 님이십니다
지옥도 천국도 님이십니다
사바도 극락도 님이십니다
범부도 성인도 님이십니다
중생도 부처도 님이십니다
유정도 무정도 님이십니다
티끌도 거품도 님이십니다
삼라만상 다 님이십니다
허공도 물질도 님이십니다
온 우주법계 다 님이십니다
님은 님으로 행복합니다
님은 님으로 안락합니다
님은 님으로 평화롭습니다
님은 님으로 평등합니다
님은 님으로 풍요롭습니다
님은 님으로 자유롭습니다
님은 님으로 해탈입니다
님은 님으로 모두 님이십니다
님은 님으로 찬란합니다
님은 님으로 성스럽습니다
님은 님으로 거룩합니다

님은 님으로 아름답습니다
님은 님으로 참입니다
님은 님으로 꼭입니다
님은 님으로 똑입니다
님은 님으로 딱입니다
님은 님으로 생명입니다
님은 님으로 창조입니다
님은 님으로 광명입니다
님은 님으로 감로입니다
님은 님으로 보배입니다
님은 님으로 축복입니다
님은 님으로 은혜입니다
님은 님으로 자비입니다
님은 님으로 사랑입니다
님은 님으로 회향입니다
님은 님으로 완성입니다
님은 님으로 모두 님이십니다
님은 오직 님이십니다
님만 오직 님이시기에
아쉽고 기루언 것은 다 님이십니다
아쉽고 기룹지 않는 것도 다 님이십니다
님은 님으로 나의 님으로 우담바라가 난발합니다
님은 님으로 모든 님으로 마니보주가 난발합니다
내가 님입니다
그대가 님입니다
우리가 님입니다
모두가 님입니다

편강합니다
길경합니다
행복합니다
무한합니다.

님!

늘 오늘에
영흥 합장.

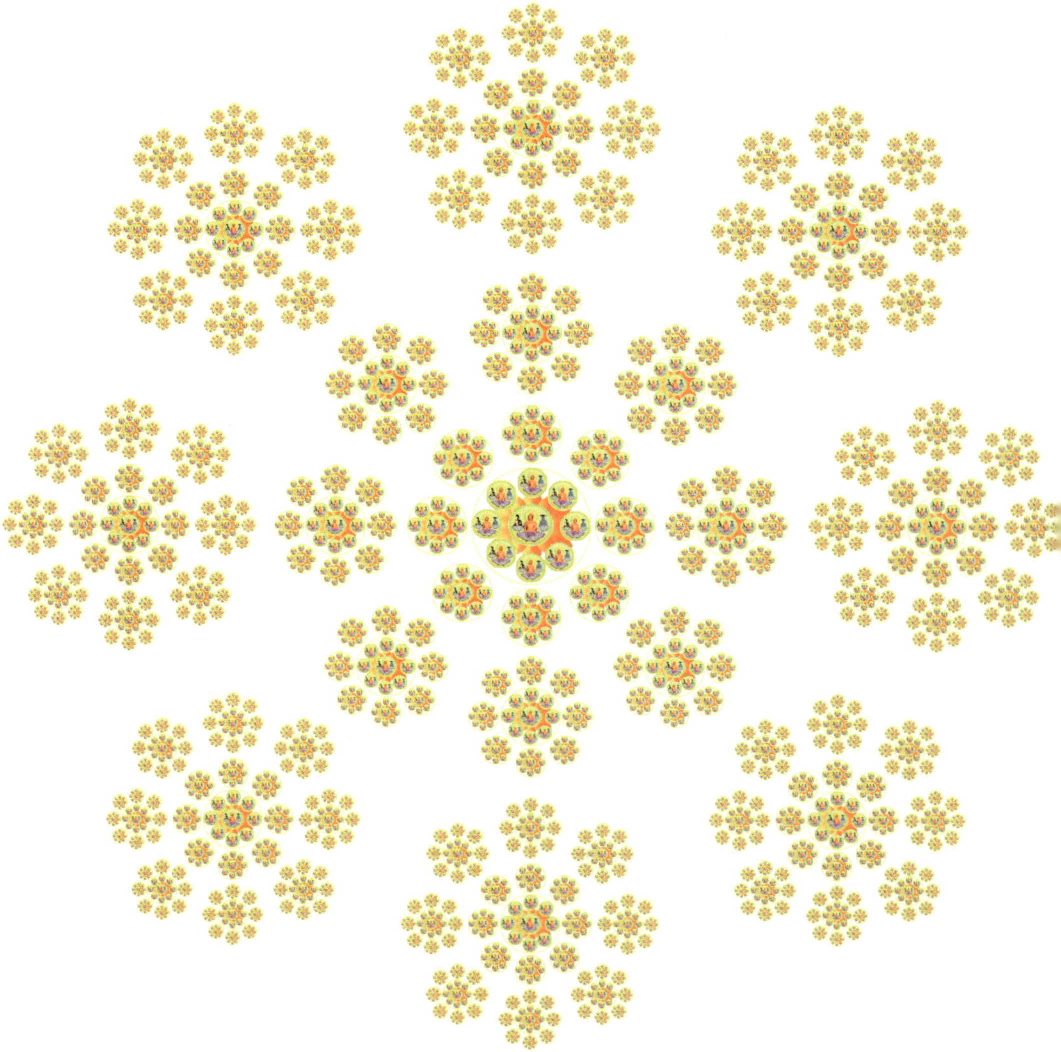

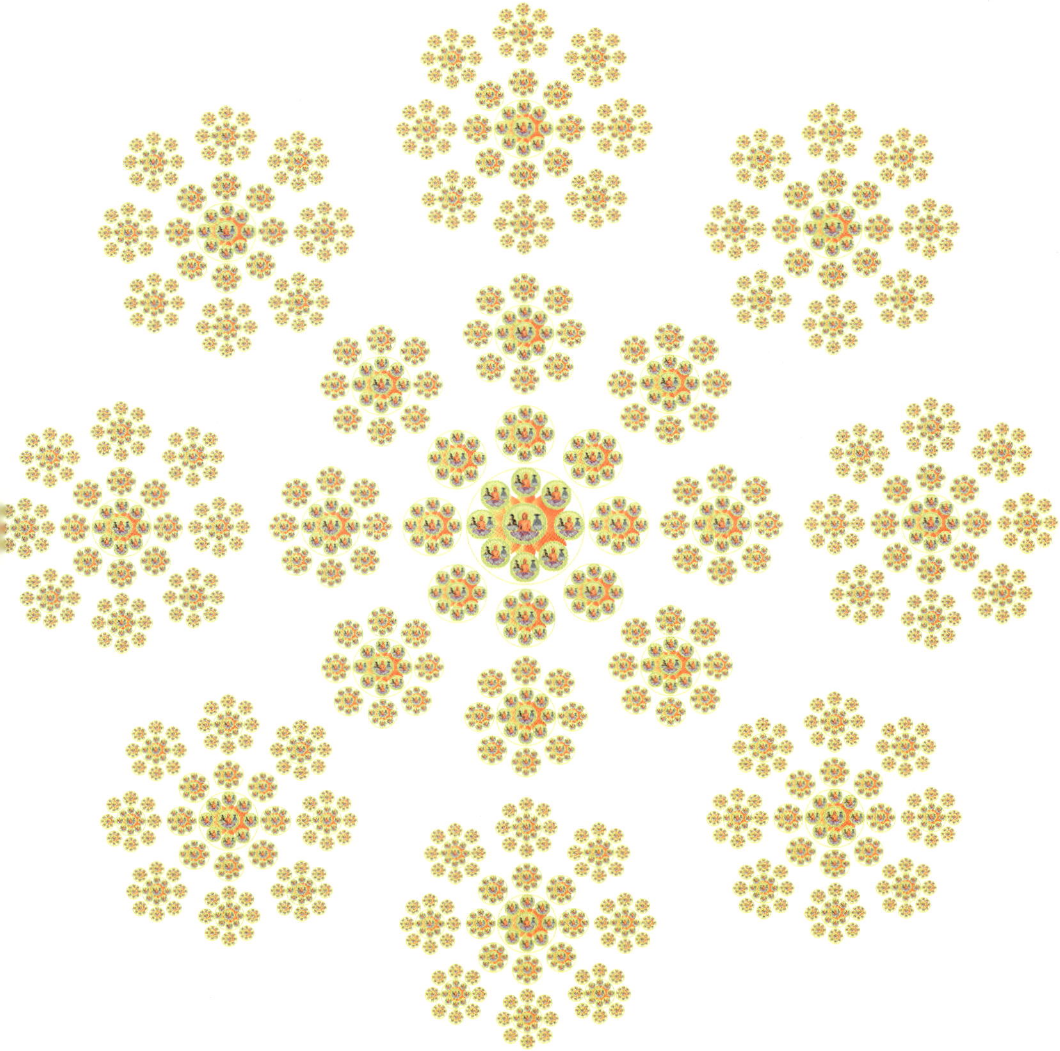

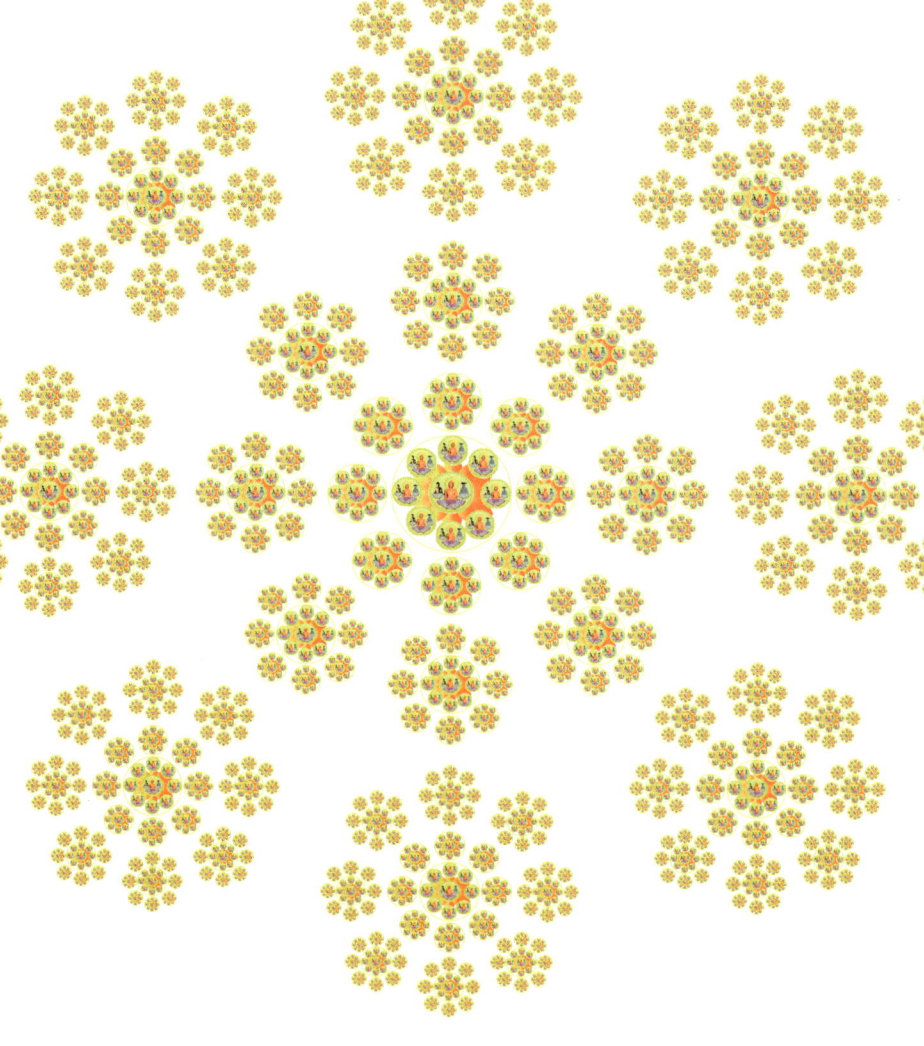

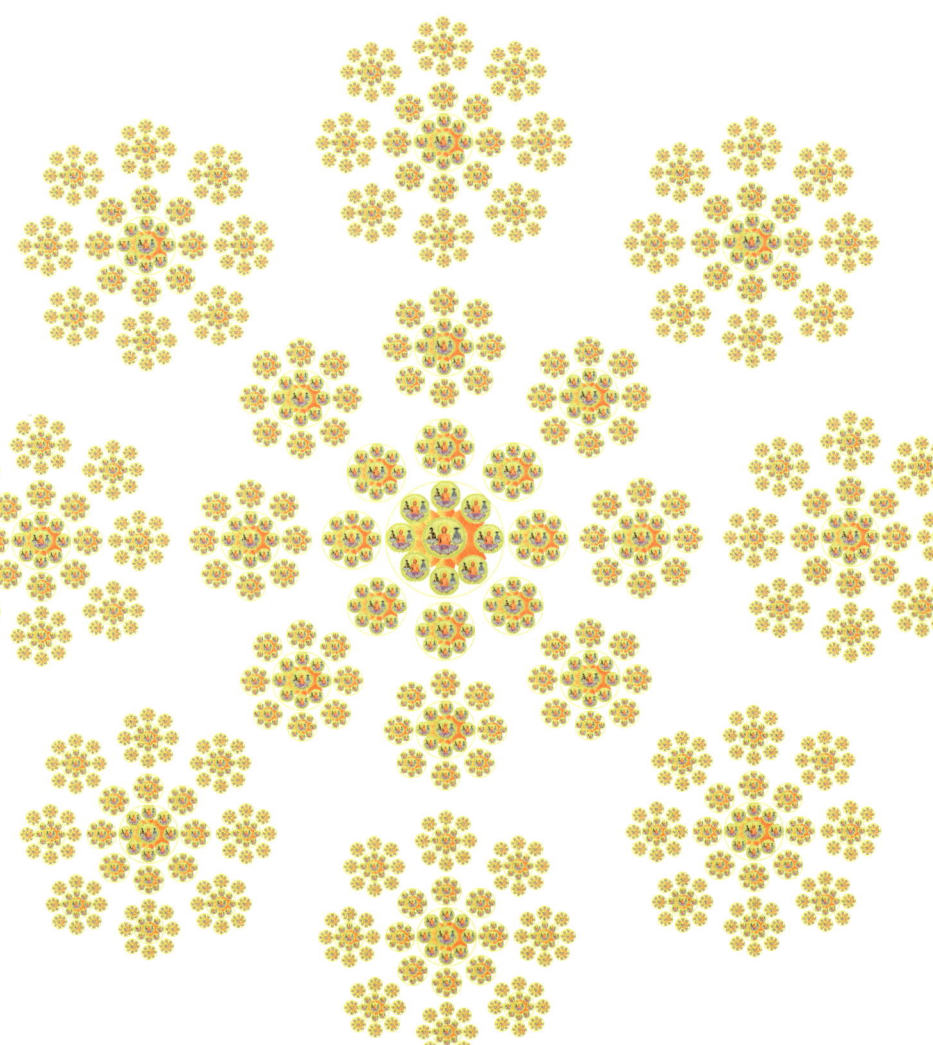